졸업하기
전에
알았더라면
좋았을 것들

Wish I Had Known
Before Graduation

졸업하기
전에
알았더라면
좋았을 것들

10 대 를 위 한 인 생 성 장 에 세 이

앤디 림 · 윤규훈 지음

책읽는곰
CHANGEUP

지난번 책《10대를 위한 완벽한 진로 공부법》이 독자들에게 큰 사랑을 받은 덕분에 다음 책을 빨리 쓸 수 있게 되었습니다. 지난번 책이 진로에 대한 가이드 책이라면, 이번 책은 청소년들이 졸업하기 전에 꼭 알아야 할 현실 기반의 조언을 담은 책입니다. 오래전부터 이 책을 쓰고자 기획했기에 수백 명의 선배들과 직접 이야기를 나누었고, 그들에게서 공부의 중요성, 돈 공부의 필요성, 학교에서 배우지 못한 중요한 사실들, 사람에 대한 상처와 희망 등을 허심탄회하게 전달해 달라는 부탁을 받았습니다. 그래서, 명문 대학에 들어간 공부머리 선배들, 공부는 못했지만 일머리로 성공한 선배들, 자수성가한 수십억~수백억 부자 선배들의 이야기 등을 '현실 기반'으로 읽기 쉽게 정리했습니다.

 이 책은 10대뿐 아니라 20대, 30대, 그 이상의 어른들 누가 보아도 고개를 끄덕일 만한 내용만 압축해서 담았습니다. 사실 더 많은 내용을 담고 싶었지만 주 타깃 층이 10대 여러분이기에 책이 너무 두꺼우면 안 된다고 생각해 아쉽지만 분량을 줄였습니다. 이 책에 미처 담지 못한 내용은 유튜브와 블로그 소책자를 통해 추가로 살펴볼 수 있으니, 이를 참고하면 훨씬 더 도움이 될 거라 생각합니다.

저는 진심으로 10대와 그보다 어린 친구들을 걱정합니다. 저출산과 경제, 정치, 사회 갈등 등으로 여러분 미래에 먹구름이 끼어 있기 때문입니다. 그래서 간절한 마음으로 책을 집필했고 강연을 하고 있습니다. 여러분 인생에 조금이라도 도움이 되고 싶고, 대한민

국이 변화하는 데 일조하고 싶다는 사명을 갖고 있기 때문입니다.

작가로서 늘 소망합니다. 이 책이 잠깐 팔리기보다 독자들에게 오랫동안 사랑받고 기억되기를 말입니다. 또 중고서점에 다시 팔리지 않고 책장에 계속 머무를 수 있는 인생서, 힘들 때 다시 열어볼 컨설팅 교재가 될 수 있도록 치밀하게 집필했습니다. 그만큼 이번 책을 쓰면서 '어떻게 하면 살아 있는 찐이야기를 더 직접적으로 이야기해 줄 수 있을까?'를 고민했습니다. 빙빙 돌려 말하는 것보다 쉽게 이해하도록 직관적으로 말해 주는 게 효과적이기 때문입니다.

그러니 여러분에게 부탁합니다. 꼭 형광펜으로 밑줄 그어 가며 내용을 곱씹고 내 것으로 만들기 바랍니다. 그냥 눈으로 보고 대충 쓱 읽어 보면 절대 내 것이 될 수 없습니다. TV 보듯이 가볍게 읽지 말고, 진심으로 문장 하나하나를 음미하며 계속 곱씹기 바랍니다. 책

여백에 생각나는 것을 써도 되고, 뭔가 갑자기 떠오르면 이것저것 지저분하게 끄적여도 됩니다. 쓰고, 음미하고, 되새겨야 온전히 자기 것이 됩니다. 그렇게 할수록 이 책에 나오는 여러 선배들처럼 인생이 확 바뀌고, 미래의 월급이 바뀌며, 미래의 꿈이 바뀔 것입니다.

여러분은 잘될 사람이고, 잘될 수밖에 없는 존재임을 알고 기대하는 마음으로 현실의 찐조언을 잘 받아들여 주기 바랍니다. 진심으로 당신을 위해 기도합니다.

이 책을 신뢰해 주기를 바라며…….

2021년 3월

앤디 림, 윤규훈

1 장
공부와 꿈에 대하여
알게 된 것들

2 장
성장과 성공에 대하여
알게 된 것들

3 장

돈에 대하여
알게 된 것들

4 장

사람에 대하여
알게 된 것들

5 장

세상에 대하여
알게 된 것들

6 장

행복에 대하여
알게 된 것들

#공부와 꿈 #성장과 성공 #돈 #사람 #세상 #행복

공부와 꿈에
대하여
알게 된 것들

Wish I Had Known
Before Graduation

'마음먹기' 하나를 바꾸니
인생이 바뀌더라

여러분께 괜히 희망을 주려고 하는 말이 아닙니다. 제가 만나 본 수만 명의 여러분 선배들을 통해 증명된 말을 그저 전달할 뿐입니다. 그것은 바로 '마음만 먹으면 안 되는 게 없더라'입니다. 저는 그 말을 100% 믿습니다. 저 역시 그러한 마음먹기로 꿈을 이룬 사람이고, 지금부터 소개할 여러분의 선배들 역시 마음 하나만으로 인생이 바뀐 사람들입니다.

> **마음 하나만으로 인생이 바뀐 사람들**
> ❶ 공부 못함 ▸ 지방사립대 입학 ▸ 군대(철듦) ▸ 열심(마음먹기) ▸ 지방 인재 공무원 합격
> ❷ 공부 못함 ▸ 아버지 실직(동기부여) ▸ 부모님 도와 식당 서빙 ▸ 식당 물려받음

❸ 공부 잘함 ▸ 재수 결심(마음먹기) ▸ 의대 진학 ▸ 개원 후 월 5천만 원 수입

❹ 공부 애매함 ▸ 인서울 대학에서도 성적 애매함 ▸ 연인 이별 통보(동기부여) ▸ 복수전공 및 유학 ▸ 대기업 입사

❺ 공부 애매함 ▸ 춤 좋아함 ▸ 프로 댄스팀 입단 실패 ▸ 엔터테인먼트 기획사 입사

❻ 꿈 없음 ▸ 코딩 필수라던데? ▸ 코딩 공부 시작 ▸ 아마존 입사

❼ 꿈 없음 ▸ 독서라도 꾸준히 하기로 결심하고 실행 ▸ SNS 꾸준히 실행 ▸ SNS 강사로 월 350만 원 수입

❽ 꿈 없음 ▸ 러닝 꾸준히 실행 ▸ 꽃을 발견 ▸ 꽃 좋아함을 알게 됨 ▸ 꽃집 창업

❾ 꿈 있음 ▸ 대기업 입사 ▸ 퇴직 ▸ 경력 단절 ▸ 집에만 있어 우울함 ▸ 안 되겠다 싶어 SNS 시작 ▸ 유명인들 만남(동기부여) ▸ 책 출판 및 강연 ▸ 개인 창업 ▸ 월 1천만 원 수입

❿ 꿈 있음 ▸ 꿈 실패 ▸ 미래 유망 직종 진로 탐색 ▸ 특허 유망 ▸ 특허 대학원 입학 ▸ 특허 관련 회사 A, B 입사 ▸ 퇴사 후 특허 공무원 경력직 이직

간단하게 예시를 들었지만 위 예시는 외부적 이벤트(부모님 실직, 돌아가심, 폐업, 군복무, 이별 통보)와 내부적 이벤트("재보다 내가 못한

게 뭐야? 나도 해내고 말겠어!")인 마음먹기로 인생이 바뀐 사람들입니다. 세상은 희한하게도 마음먹은 사람과 마음먹지 않은 사람으로 나뉘고, 마음먹은 사람들이 역사를 이끌어 갑니다.

'한번 공부 열심히 해 볼까?' '창업에 도전해 볼까?' '사람들이 불편해하는데 만들어 볼까?' '혼자서 외국에 다녀와 볼까?' '우리 엄마 아빠 고생 좀 안 시켜 드리게 해 볼까?' '군대 빨리 다녀올까?' '돈이나 실컷 벌어 볼까?' '고백해 볼까?' '손들고 질문해 볼까?' 이렇게 마음먹은 사람들 말이죠.

믿지 않으려면 믿지 않아도 됩니다. 여러분이 마음먹지 않으면 그런 여러분 덕분에 마음먹은 사람들은 승승장구할 것이기 때문입니다. 세상은 그렇게 마음먹지 않는 사람들 때문에 우리가 조금 더  뭔가를 갖게 되고, 더 여유있어지고, 걱정을 덜하며 살아가게 됩니다. 저는 진심으로 여러분이 마음 하나만 먹음으로써 인생이 풍족해지길 원합니다. 그러니 저라면 어려운 것도 아니니 이번에 독하게 마음먹어 보겠습니다. '이 책 믿어 볼까?' '오늘부터 바로 변화해 볼까?' '딱 한 달만 해 볼까?' 이런 마음이면 됩니다.

다시 강조하지만 시작이 절반인 만큼 마음만 먹으면 남들보다 훨씬 유리해지고 여러분의 선배들처럼 돈, 대학, 애인, 집, 자유, 휴식 등을 마음껏 가질 수 있습니다. 저는 괜히 여러분에게 '돈보다 하고 싶은 것을 하세요!' '유형적인 것보다 무형적인 것을 추구하세요!' '가치 있는 일을 우선으로 하세요!'처럼 뭔가 있어 보이는 말은 하지 않습니다. 그저 진심으로 여러분이 마음을 굳게 먹어 유형적인 것을 꼭 갖기를 원합니다. 정말로 유형적인 것들을 갖고 나면 내 가족과 내 주변 사람들이 너무 좋아하기 때문입니다. 그러니 꼭 마음먹기 바랍니다. 마음먹기는 일종의 자석으로, 이 자석을 갖고 있으면 성공과 기회가 알아서 찾아와 붙게 되어 있습니다. 마음먹기는 이른바 성공 마그넷인 셈입니다.

여러분! '마음먹기' 하나만으로 여러분 선배들의 인생이 바뀌었듯이 여러분의 인생도 바뀔 수 있으니 꼭 마음먹어 주기 바랍니다. 믿어 주세요! '성공 마그넷 만들어 볼까? 나도 마음먹어서 내가 하고 싶은 거 하고, 돈 많이 벌어서 엄마 아빠 고생 안 하시게 할까?' 이렇게 마음먹기 바랍니다.

앤디 쌤의 KEY POINT

• 마음만 먹으면 정말로 안 되는 게 없다.
• '마음먹기' 하나만으로 인생이 바뀔 수 있다.

MISSION 🎯
유튜브에서 이적&유재석의 〈말하는 대로〉 찾아보기

공부를 잘하면
세상에서 정말 유리하더라

A: "염치없지만, 부모님이 왜 그때 조금 더 잡아 주시지 않았는지 원망스럽습니다."

B: "후회스럽습니다. 마음을 굳게 먹을걸……."

C: "그때로 돌아간다면 정말 열심히 할 거예요. 살다 보니 공부해야 할 때 하지 못하면 다시 하기가 정말 어렵더라고요."

D: "그때로 돌아가면요? 학교에서 1등은 못해도 5등은 할 것 같아요. 그만큼 사회가 더 어렵습니다."

살다 보니 왜 어른들이 공부하라고 그렇게 잔소리를 하셨는지 이제야 이해가 갑니다. 공부만큼 가성비가 좋은 일이 아무리 봐도 없기 때문입니다. 여러분이 예능, 체육 분야에서 상위 30%에 든다고 했을 때 정규직, 고액 연봉자, 원하는 직무의 일을 할 확률은 얼마나 될까요? 안타깝게도 상위 1~5%가 아니면 현실에서 그럴 확률은 매우 낮습니다. 반면, 공부로 상위 30% 안에 든다면 어떨까요? 공무원, 대기업, 공기업, 연구원, 전문직 종사자 등이 될 확률이 높아집니다. 그래서 확률, 가성비 면에서 부모님이 여러분에게 공부하라고 하는 것입니다.

또, 만일 자신의 꿈이 교사, 세무사, 변호사, 판사, 의사 같은 전문직이라면, 안타깝게도 대학을 졸업하지 않으면 아예 시도조차 불가능하도록 국가에서 만들어 두었습니다.

끝으로, 특성화고등학교, 마이스터고등학교의 최근 5년간 취업률은 어떨까요? 안타깝게도 2017년을 정점으로 53%에서 현재 30% 이하로 반토막이 났습니다. 코로나19 때문이라는 이유를 댈 수는 있겠지만 4차산업의 가속화로 고졸 채용이 늘어날지는 잘 모르겠습니다.

미래사회는 '각자도생' 시대

저는 현장에서 솔직히 말씀을 드립니다. 마이스터고, 특성화고를 졸업하고 바로 취업했다 하더라도 기회가 되면 회사를 다니면서 대학에 꼭 입학하라고 말이지요. 국가와 기업에서 혜택을 주어 일과 대학 공부를 병행할 수 있는 지원제도도 있고, 온라인으로 공부할 수 있는 사이버대학도 있으며, 평일 저녁과 주말을 이용하면 방송통신대학에 갈 수도 있으니 웬만하면 대학교 졸업장을 갖자고 말합니다. 그것이 현실 세계에서 이직과 승진에 실제로 유리하기 때문입니다.

이렇듯 여러분이 세상에 나오게 되면 결국 취업이나 창업을 하며 스스로 먹고살 준비를 해야 합니다. 그때 회사는 '당신은 무엇을 잘하지요? 그것으로 우리 회사에 돈 벌어다 줄 수 있어요?' 하고 묻고, 여러분은 스스로를 단 10분 안에 증명해야 합니다. 사실 10분도 긴 편이고, 거의 5분 이내에 결정되어 버립니다. 그 짧은 면접을 위해 여러분의 선배들이 '저, 이 대학 나왔어요. 이 대학 들어가기 어려운 거 아시죠? 그럼 제가 얼마나 성실했는지도 느껴지시지요? 또, 저 여기서 열심히 공부해서 이런 성적 받았고, 이런 활동도 했어요. 제 적극성 느껴지시죠? 저 뽑아 주세요' 하고 학벌과 학점, 직무 경험으로 자신의 우수함을 어필합니다.

공부 안 하고 싶다? 그래도 됩니다. 고졸 취업으로 회사에 바로 들어가도 되고, 학교 공부가 아닌 세상 공부를 열심히 해도 되기 때문입니다. 하지만 입시 공부를 열심히 했을 때 성공할 확률과 공부가 아닌 다른 일을 했을 때 성공할 확률을 비교하면 저는 확률이 조금 더 높은 일을 하는 것이 더 낫다고 봅니다.

실제로 초중고생을 대상으로 희망 직업 설문조사를 하면 방송,

의료, 교사, 엔터테인먼트, 항공, 조리사, 공무원, 대기업, 법조인 등이 나오는데, 이 직업들은 공부를 못하면 응시조차 하지 못하는 것이 현실입니다. 만일 여러분이 위의 꿈은 이루고 싶은데 공부는 하기 싫다? 그럼 대졸자들을 이길 만한 다른 노력이 엄청나게 필요하다는 사실만 기억해 주기 바랍니다.

저는 절대 학벌주의자, 대학옹호론자는 아니지만 여러분이 어차피 공부를 해야 하는 것이 숙명이고 인생에 유리한 게 사실이라면 제대로 마음먹어 딱 몇 년만 열심히 하자고 강조하는 것입니다. 진심입니다. 학교 졸업하면 질려서 더는 공부하지 않는다는 마음으로 딱 고등학교 때까지만 열심히 해 버립시다. 그럼 공부 덕분에 원하는 삶을 살 수 있게 될 것이기 때문입니다.

정말로 미래사회는 먹고살기 어려운 '각자도생(스스로 살길을 찾아야 하는)' 시대일 것이기 때문에, 먹고살 준비를 남보다 빨리하는 수밖에 없습니다. 우리나라가 교육의 모델로 참고하는 독일과 유럽 역시 대학 진학률이 해마다 점점 높아지며, 사교육에 대한 투자가 폭증하고 있다는 것도 제대로 알기 바랍니다. 공부를 잘하면 조금 더 유리하다는 사실을 반드시 알고, 학교 공부를 진짜 열심히 하든지, 세상의 기술 공부 혹은 세상 돈 공부에 푹 빠지든지 결정하여 파이팅하기 바랍니다. 끝으로 어느 교육인이 말한 현실 기반의 조언을 전해 드리겠습니다.

"공부란 지식을 쌓는 것이 아닌 세상의 해상도를 올리는 행위입니다. 세상에서 겪을 숫자, 사람, 돈, 정보를 해석할 수 있게 되기 때문입니다. 공부를 할수록 선별능력이 생기고, 합리적인 결정을 할 수 있게 됩니다. 말 그대로 아는 만큼 보이는 것입니다. 공부를 잘하면 유리한 게 많으니 한번쯤 딱 3개월만 미쳐 보시기 바랍니다. 미쳤다 소리 들을 만큼 3개월만 해 보고, 그 후에 펜을 놓아도 됩니다. 아마 여러분은 3개월 뒤 수직 상승해 버린 자신을 발견하고 더 잘하게 될 것입니다. 여러분의 선배들처럼 말이지요."

앤디 쌤의 KEY POINT
- 미래사회는 '각자도생(스스로 살길을 찾아야 하는)' 시대다.
- 공부를 잘하면 조금 더 유리하다는 사실을 분명히 알고, 자신이 하고자 하는 것을 신중히 결정하도록 하자!

MISSION
유튜브 채널 [데드형]에서
〈학벌은 중요할까 안 중요할까〉 찾아보기

공부를 잘할 수 있는 방법과
노하우는 따로 있더라

"앤디 쌤, 애들한테 무작정 공부하지 말고 공부법과 노하우 좀 먼저 알고 시작하라고 해 주세요."

"뭐라고? 그런 게 있어?"

"그럼요, 공부는 타고난 머리도 중요한데 기술과 노하우로 승부보는 거예요."

여러분의 선배들은 공부에는 노하우가 있다고 말해 주었습니다. 성적이 잘 나오는 방법도 따로 있다고 했습니다. 많은 선배들과 인터뷰를 마치고 보니 그들의 말은 사실이었습니다.

먼저 선배들은 크게 3가지를 강조했습니다.

❶ 동기부여   ❷ 공부 환경 조성   ❸ 공부 기술 적용

"공부를 왜 해야 하는지 동기부여가 안 되는 친구가 많아요. 그 친구들한테 앤디 쌤 강의 꼭 들려 주세요. 동기부여가 뭐든지 시작 이니까요. 학벌이 세상에서 어떤 역할을 하고, 실제 취업사례 잘 보여 주시고요. 회사에 따른 월급 격차, 복지 및 혜택, 30대 이후 자산 증식 격차 등 말해 주시면 참 좋아 보여요."

"무엇보다 저희처럼 공부 못했지만 뒤늦게 정신 차려서 잘된 경우를 설명해 주시면 큰 희망이 될 거예요. 실제로 저희가 그랬거든요. 정말로 공부 못했었지만 중학교나 고등학교 후반 때부터 열심히 하고 또 대학교 들어가서 열심히 한 선배들이 큰 힘이 되었어요."

"동기부여 다음에는 환경을 조성해야 해요. 좋은 학원, 과외 쌤을 만나는 것도 포함되지만 무엇보다 내가 공부하는 공간을 깔끔하고 공부에 방해받지 않는 공간으로 만들어야 해요. 특히, 제발 스마트 폰 책상에 두지 말고, 음악 절대 듣지 말라고 하세요. 간혹 가다 음악이 집중력에 좋다는 친구들 있는데요, 제가 힘주어 말해 주고 싶어요. 천 명 중에 한두 명 제외하고는 성적이 오른 선배들은 음악을 듣지 않았습니다. 나도 모르게 멜로디를 따라 부르거나, 가사가 갑자기 귀에 꽂히는 순간이 있기 때문이에요. 만일 뭔가를 듣고 싶다면 백색소음(파도소리, 빗소리)을 들으라고 하세요. 아셨죠?

또 강의실 중간 1/3 지점에 앉기, 스케줄러 만들기, 눈에 보이는 곳에 동기부여 문구나 시각적 그림 놓기, 스톱워치 활용해 로봇처럼 순 공부 시간 확보하기 같은 거 하면 좋아요. 아! 제발 핸드폰 스톱워치 쓰지 말라고 하셔야 해요. 아날로그식 공부용 스톱워치 있어요. 그걸 써야 해요.

그리고 음…… 아! 무조건 오래 앉아 있을 수 있는 습관과 체력을 길러야 해요. 공부 못하는 친구들은 보통 오래 앉아 있지 못해요. 화장실 가고 싶다, 목마르다, 머리 아프다, 허리 아프다, 다리 저리다 등 핑계를 대는데 그게 오래 앉아 있는 습관이 안 되어 있고 어색해서 그래요. 그냥 오래만 앉아 있을 수 있으면 돼요.

그리고 책상 앞에 앉아 있을 때 다른 것으로 전환하지 말아야 해요. 가령, 공부하다가 핸드폰을 만진다거나 음악을 듣는다거나, 갑

자기 유튜브를 보거나 하는 거죠. 그래서 화장실도 쉬는 시간에만 다녀오고, 핸드폰을 아예 치워 버리라는 거예요. 오직 공부 시간과 공간에는 책, 종이, 필기구 3개만 있어야 해요. 이해되시죠? 무조건 오래 앉아 있기, 그리고 방해요소를 아예 다 없애서 공부에서 다른 것으로 전환될 만한 것을 차단하는 거예요."

"환경이 조성되었으면 이제 공부 기술이 필요해요. 우선 공부하기 전에 머리를 비우라고 하세요. 20초만 눈을 감고 뇌를 샴푸한다고 상상하라고 하세요. 그리고 뇌를 물로 행구고, 거기에 이제 책을 탈탈 털어 단어와 지식이 내 뇌에 쏟아지는 걸 상상해요. 그리고 공부를 시작해요. 공부할 때마다 이렇게 20초만 머리를 정화하고, 공부로 집중하는 인트로를 만들고 시작하면 공부할 때 더 깨끗하게 집중이 잘되는 느낌이 들어요.

그렇게 50분간 집중하고, 5분간 마무리하면 돼요. 50분 동안 공부한 것을 5분 동안 노트에 적거나 머릿속에 주르륵 생각해 보며 재정리하는 거예요. 공부하고 최소 1시간 혹은 최대 3시간 이내에 복습 한 번만 더 해주면 뇌에 완전히 각인되거든요. 이게 중요한데 거의 이걸 안 하죠.

그렇게 50분 공부 ▶ 5분 복습 정리 ▶ 5분 휴식 ▶ 또 20초 뇌 샴푸 ▶ 50분 공부 ▶ 5분 복습 정리 ▶ 5분 휴식, 이렇게 기계적으로 하

면 어느 순간 '아 내가 오래 앉아 있었구나!' 하는 뿌듯해지는 순간
이 오고, 이 뇌 샴푸와 5분 복습 정리로 더 제대로 각인된 지식을 스
스로 알 수 있어요."

"다음은 암기를 해야 해요. 간혹 암기는 공부가 아니라고 하는
사람이 있는데 천만에요. 무조건 공부의 70%는 암기입니다. 암기
가 있어야 응용이 되고, 암기된 지식이 있어야 새로 적용할 수 있어
요. 앤디 쌤 아시잖아요? 수학, 영어, 과학 모두 무식하게 암기만 달
달 해도 충분히 성적 잘 나온다는 사실 말이에요.

사람마다 공부머리, 환경이 다르니 누구나 SKY 대학을 갈 수 있
다고는 말하지 못해도, 저는 암기만 잘해도 인서울은 충분히 갈 수
있다고 말할 수 있어요. 혹시나 내가 공부머리가 없다? 괜히 응용
하고, 창의적인 것 하려 하기보다 암기로만 승부 봐도 됩니다. 그래
도 충분히 좋은 대학 갈 수 있어요.

나머지 공부 기술이요? 과목별로 팁이 있는데 그건 시중에 나와
있는 공부법 책 다섯 권만 봐도 공통적으로 잘 나와 있으니 그걸 보
라고 해 주세요. 중요한 건 지금 나온 과정만 뼈대를 잘 잡아도 성
적이 급상승할 거예요."

과거의 나와 경쟁하고,
미래에 성공한 나를 쫓아가라

여러분의 선배들은 아래의 내용을 추가로 강조했습니다. 입시공부뿐 아니라 인생의 모든 공부를 통찰하는 공부 방향인 만큼 꼭 적용해 보기 바랍니다.

공부 방향에 대한 선배들의 찐조언

❶ 늦은 것은 없다. 지금 해도 충분하다. 성공한 선배의 사례를 계속 매일매일 눈으로 보라.

❷ 공부에 대한 동기부여가 분명해야 한다. 내게 공부가 왜 필요할까?

❸ 엄마 아빠를 생각하자. 긍정적인 미래를 생각하라. 돈과 직장을 생각하라.

❹ 충분한 수면을 확보하라. 낮에 필수적으로 햇빛을 흡수하라.

❺ 공부에서 중요한 것은 Why와 How to이다. 왜 그럴까, 어떻게 해야 할까를 계속 고민하라.

❻ 배운 것을 옆 사람에게 가르치자. 가르치면서 내 것이 된다.(일명 친구 과외 공부법)

❼ 모든 것을 3개월만 쏟아 보자. 그럼 습관이 되어 1년을 하게 되고 3년을 하게 된다.

❽ 스마트폰을 공부 현장에 무조건 두지 않기.

❾ 음악 절대 듣지 않기. 굳이 듣고 싶다면 백색소음(파도소리, 물소리, 빗소리)만 듣기.

❿ 웹툰, 게임, TV는 평일에 안 보고 시험이 끝나는 날 하루만 '선물'로 몰아보기.

⓫ 목표를 정하기. 계획을 시각화하기. 눈에 보이는 곳에 붙여 두기.

⓬ 원래 공부는 재미가 없다. 그런데 성적이 조금씩 오르고, 암기한 게 맞는 순간 재미가 생긴다. 그렇게 재미없는 것을 잘해야 세상에서는 인정받는다.

⓭ 남과 경쟁하지 말고, 과거의 나와 경쟁하고, 미래에 성공한 나를 쫓아가라.

끝으로 여러분께 미국 야구선수 클레이튼 커쇼 선수의 이야기를 하며 마치고자 합니다. 역대 최고의 선수라 불리는 커쇼 선수도 나이에 따른 부상과 컨디션 저하를 막을 수 없었는데, 특히 공의 속도가 떨어지는 현상 때문에 큰 스트레스를 받았습니다. 그래서 그는 야구선수 비밀과외 교습소로 향했습니다. 그곳에서 자신이 공을 던지는 모습을 고속비디오 추적 카메라에 담아 360도로 촬영하며 투구 매커니즘을 분석했습니다. '아, 내가 요즘은 팔 각도가 이렇게 되고, 이런 자세로 던지고 있으니 문제구나! 부상 부위에 무리가 가

지 않기 위해 지금보다 10도 정도 각도를 올리는 게 중요하겠구나'
하고 분석합니다. 그렇게 현재의 문제점과 해결책이 바로 보이니
구속이 다시 증가했겠죠? 그 결과 다음 해에 그는 우승반지를 얻게
되었습니다.

최고가 최강이 되려고 찾아간 것처럼 여러분도 선배들의 조언을
들으며 공부 노하우대로 미친 척 딱 3개월만 해 보기 바랍니다. 여
러분은 잘될 수밖에 없습니다.

앤디 쌤의 KEY POINT

• 뇌 샴푸와 5분 복습 정리법을 습관화하자.
  20초 뇌 샴푸 ▶ 50분 공부 ▶ 5분 복습 정리 ▶ 5분 휴식

MISSION 🎯
서점에 가서 공부법 책 찾아보기

딱 1번만,
혀를 내두를 정도로 하면 다 되더라

"저는 선수 시절, 단 한 번도 게임을 즐기면서 한 적이 없어요. 최선을 다해 올인하지 않고서 최고의 성과를 낸다? 저는 그것은 불가능하다고 생각합니다. 매 경기를 전쟁이라 생각하고 치열하게 승리하기 위해 했어요."

전 농구선수이자 방송인으로 활약 중인 서장훈 씨가 방송에서 한 말입니다.

저는 서장훈 씨의 '승리하려는 사람과 즐기는 사람은 완전 다른 결과물을 낸다'라는 말에 동의합니다. 즐기는 수준을 넘어서야 최고가 되고, 최고의 수준에 맞는 연습과 훈련을 해야 세상에서 앞서 나갈 수 있기 때문입니다.

사실, 누군가는 학생들에게 공부를 즐기라고 하는데 그저 듣기 좋은 소리라고 생각합니다. 공부가 재미있는 학생이 얼마나 될까요? 공부는 지루하고 어려운데 말이지요. 또, 때론 결과가 안 좋아 좌절하기도 하고요. 제가 인터뷰한 친구들 역시 공부가 재미있다고 한 친구는 많지 않았습니다. 그냥 공부가 지루하지 않고 할 만해서 습관처럼 하는 것이지 재미있다고 한 친구는 거의 없었습니다.

손흥민과 BTS가 공통적으로 한 '이것'은?

저는 세상 모든 분야가 재능의 영역이라 생각합니다. 이 재능은 말 그대로 부모를 잘 만나서 좋은 DNA를 물려받는 것을 말합니다.

그런데 세상은 공평하게도 재능으로만 살 수 없도록 설계되어 있습니다. 재능에 꼭 '노력'을 붙이게끔 되어 있는 것이지요. 즉, 재능이 뛰어나도 노력을 하지 않으면 성공할 수 없게 되어 있는 것입니다.

여러분은 손흥민 선수가 천재라고 생각하나요? 저는 천재라고 생각합니다. BTS는 천재라고 생각하나요? 네, 저는 천재라고 생각합니다. 그럼 이 천재들이 노력을 안 할까요? 어마어마한 노력을 하겠지요. 아마 손흥민과 BTS는 남들보다 더 혹독한 훈련, 혀를 내두를 정도로 노력하고 연습했을 것입니다.

여러분께 꼭 권유하고 싶습니다. 일생에 마지막으로 지금의 10대 시절에 공부가 질리도록, 혀를 내두를 정도로 해 보기 바랍니다. 그 이후에 더는 안 해도 됩니다. 진심으로 부탁합니다. 딱 10대 시절에만 '대박, 미쳤다! 왜 이렇게 열심히 해? 그만해! 쉬엄쉬엄해' 이런 소리 들을 정도로 딱 한 번만 해 보기 바랍니다.

그 뒤는요? 안 해도 됩니다. 정말입니다. 미친 척 한 번만 공부에 모든 걸 쏟아부으면 그때 이뤄 놓은 것으로 평생 먹고살 수 있습니다. 물론 100% 그런 것은 아니지만 정말로 그럴 확률이 높습니다. 왜냐고요? '나 진짜 딱 한 번만 공부하고 더는 안 한다!'라고 혀를 내두를 정도로 공부를 하면 나도 모르게 20대에도 그때처럼 열심히 하게 되기 때문입니다. 정말 신기하게도 그때는 어려웠던 게 20대에는 어렵지 않게 되고, 당연한 삶의 자세가 됩니다. 그래서 10대

시절에 공부 열심히 한 선배들이 보통 취업도 잘되고, 자기 주도적
으로 잘 사는 확률이 높은 것입니다. 10대 시절에 공부한 습관 그대
로 20대, 30대도 살아가기 때문입니다.

일생에 딱 한 번,
정말 딱 한 번만 최선을 다하자

여러분은 그저 딱 한 번, 정말 딱 한 번만 혀를 내두를 정도로 하
면 됩니다. 제가 장담합니다. 여러분은 지금껏 열심히 안 해서 그렇
지, 하면 잘될 사람들입니다. 지금까지의 결과는 잊고 지금부터 가
족, 친구, 주위의 도움을 받아서 제대로 '와~ 얘 미쳤다!' '너 안 자
고 뭐해?' '진짜 대단하다!' 이런 말을 들어 보기 바랍니다. 아마 주
위의 칭찬과 부러움이 여러분의 열정에 기름을 붓게 될 것입니다.
다시 부탁드립니다. '이 악물고 으! 하겠어!' '아오! 내가 해내겠
어!' 하는 마음을 품고 딱 1년만 후회 없이 공부하고 은퇴합시다.
오케이? 아마도 여러분이 1년을 후회 없이, 혀를 내두를 정도로 공
부하게 된다면 나도 모르게 바뀌어 있는 자기 모습을 보고 스스로
더욱 열심히 하게 될 것입니다. 왜냐하면 그렇게 여러분의 수십만
명의 선배들이 변했고, 변해 버린 스스로에게 만족하여 그대로 꾸
준히 계속 열심히 했기 때문입니다.

끝으로 Y대에 진학하고 대기업에 취업한 최규성 선배의 말을 들려주겠습니다.

"저는 소설책이나 인문학 책 보는 것 정말 좋아해요. 재미있거든요. 그런데 안타깝게도 공부책은 소설책만큼의 재미는 없어요. 솔직히 말씀드리는 거예요. 나름 공부에 흥미가 있는 제가 이 정도인데, 다른 친구들은 어떻겠어요? 어휴, 정말 재미 없는 것을 붙들고 하루 종일 씨름하는 거죠. 그래서 저는 다짐했어요.

'공부에 질려서 더는 안 하고 싶을 정도로 해 보자. 책 보는 게 진절머리가 날 정도로 해 보고, 문제 푸는 게 너무 싫어질 정도로 풀어 보자. 그래야 내가 다시는 이 어두운 독서실에 안 돌아온다.'

딱 이 마음 하나로 '제대로' 다시 해 봤어요. 그래서 정말 주위에서 말릴 정도로, '쟤 저러다 큰일 나는 거 아니야?' 하고 걱정할 정도로 열심히 했어요. 그렇게 해서 원하는 대학에 들어간 거예요. 정말 기계처럼 50분 공부하고 5분 쉬고, 이렇게 몇 시간을 계속 반복했으니까요. 그냥 몇 달간 습관만 딱 잡으니 저도 모르게 의자에 앉아 있는 것, 문제 푸는 것이 힘들지 않고 앉아 있을 만해지더라고요. 그 이후는 성적이 조금씩 올라가는 게 보이니 더 신나서 열심히 하게 되었고요. '아, 내가 뭐든 혀를 내두를 정도로 하면 되겠구나' 이런 자신감도 생겼고요.

친구요? 중요하죠. 그런데 제가 잘되면 나중에 제가 친구를 끌어 줄 수 있지만, 제가 안 되면 서로 아쉬운 소리를 해야 하잖아요. 그 건 서로 윈-윈(win-win)이 아니지요. 그래서 친구들과 놀던 걸 끊어 버리고 죽어라 공부만 했어요. 가장 중요한 건 제가 무조건 이 독서 실에서 제일 마지막에 퇴실한다! 이것 하나를 최고의 원칙으로 지 켰어요. 신기한 건 제가 그렇게 열심히 했더니 친구들도 저에게 영 향을 받았는지 달라지더라고요. 알아서 같은 독서실에 들어오고, 같이 제일 늦게 퇴실하고 그렇게 되었어요. 친구들이요? 다 지금 잘 살고 있어요. 얼마 전에 다들 좋은 데 취직했더라고요.

이제 확실히 알아요. 예전에는 그냥 누가 봐도 적당히 열심히 하 는 정도로 했던 것이지 최선을 다한 게 아니라는 것을요. 실패했던 이유요? 뭐, 제가 덜 끈질겼기 때문이죠. 그게 답이에요. 스스로 진 짜 더는 공부 안 한다는 마음으로 최선을 다해 딱 한 번만 공부하면 돼요. 그럼 정말 인생 바뀌어요."

저는 여러분에게 괜히 어설픈 희망과 위로를 해 주면서 '여러분, 쉬어가도 돼요. 노력 안 해도 먹고사는 세상으로 어른들이 여러분 을 이끌어 줄 거예요'라고 말하며 착한 사람인 척하고 싶지 않습니 다. 여러분에게 실질적 도움을 주는 것이 더 맞다고 보기 때문이지 요. 여러분! 일생에 딱 한 번, 특히 10대 시절에 아래의 말을 꼭 들어 보며 딱 한 번만 최선을 다해 봐요. 그럼 진짜 하늘 날아갈 정도로 기분 좋은 일이 계속 생길 거예요.

꿈을 이룬 선배들이 좋아했던 말들 = 여러분이 들어야 할 말들

❶ 와~ 너 또 독서실에서 제일 늦게 퇴실한 거야?

❷ 너 정신력과 의지 대단하다.

❸ ○○야, 쉬엄쉬엄 해~

❹ 너 이러다 1등 하려고?

❺ 다른 건 몰라도 얘보다 더 오래 앉아 있는 것은 이길 사람이 없다.

앤디 쌤의 KEY POINT

• 재능이 뛰어나도 노력하지 않으면 성공할 수 없다.

• 10대 시절에 공부가 질리도록, 혀를 내두를 정도로 해 보자.

• 미친 척 딱 한 번만 공부에 모든 걸 쏟아부으면 그때 이뤄 놓은 것으로 평생 먹고살 수 있다.

• 주위 사람들에게서 칭찬과 부러움을 들어야 한다. 나중에는 중독성 있는 쾌감으로 들릴 것이다. 지금까지의 실패는 여러분이 그저 덜 끈질겼던 탓이다.

MISSION 🎯
유튜브 채널 [스노우볼]에서
〈드웨인 존슨-매일 새벽 4시에 기상하는 남자〉 **찾아보기**

이왕이면
유망한 것을 하기를

"선생님, 우리 애가 이걸 좋아하는데 앞으로 유망할까요?"

"앤디 쌤~ 저 학교에서 이거 유망하다고 하는데 할까요?"

제가 현장에서 가장 많이 듣는 질문 중 하나는 바로 '유망한가요?'입니다. 미래가 밝지 못하면 먹고살 수 없기 때문에 유망함과 비전을 묻는 것입니다. 그럼 과연 유망한지 아닌지는 어떻게 알 수 있을까요? 3가지 답을 드리도록 하겠습니다.

첫째, 대기업에서 채용하고 있는 선배들의 출신 대학, 전공이 유망하다

우리가 흔히 말하는 대학서열이라는 것이 있습니다. 서연고 서성한 중경외시 궁숭세단 등입니다. 그런데 실제로 기업 입장에서도 그럴까요? 저는 그렇지 않다고 생각합니다. 왜 그런지 알려면 무엇을 봐야 할까요? 네. 바로 기업이 여러분의 선배들을 어떻게 뽑아가는지 보면 됩니다. 두 가지만 보면 됩니다. 대기업의 캠퍼스 리쿠르팅 대학 명단과 실제 합격자 명단입니다.

"우리 회사 채용설명회 하는데 여기여기 학교에서 진행할 겁니다. 시간 맞춰서 와 주세요"라고 기업이 먼저 리쿠르팅을 다니는 대학은 유망한 대학입니다. 또 컴전화기(컴퓨터공학, 전자, 화학, 기계)를 전공한 선배들이 꽤 많이 합격했다는 사실을 알게 될 텐데, 위 학과 역시 유망한 학과입니다.

위와 관련된 사항은 구글 검색을 하거나, 사람인, 스펙에듀스 같

은 사이트를 10분만 검색하면 주르륵 나오니 꼭 찾아보기 바랍니다. 어느 학교, 어느 전공을 선택해야 할지 고민할 때 여러분의 실제 선배들의 발자취, 기업이 뽑는 실제 대학 명단과 전공을 명확히 찾아본다면 여러분도 최소한 '유망성'은 확보하게 됨을 꼭 기억해주기 바랍니다.

둘째, 정부와 대기업이 수천억 원 이상의 돈을 투자하는 곳이 유망하다

"정부에서 콘텐츠, 수소경제, 디지털 뉴딜 분야에 20조를 투입하려 합니다.""삼성전자, 현대차 등 글로벌 대기업에서 자율주행 분야에 30조 투자 결정!""부동산과 주식으로 수백조 원이 몰리고 있습니다."

이렇듯 세상은 돈을 중심으로 흘러가고 있습니다. 부동산에 자금이 몰리면 부동산이 올라가고, 주식으로 돈이 몰리면 주식이 올라갑니다. 마찬가지로 전기차 산업에 투자금이 몰리면 전기차 시장이 유망해지고, 풍력, 태양광 등에 투자가 증가하면 신재생 에너지 산업이 유망해집니다.

무조건 돈과 사람이 몰리는 곳, 즉 정부와 기업, 그리고 부자들이 돈을 투자하는 곳을 전공으로 삼아야 합니다. 사람들이 돈을 투

한국판 뉴딜의 10대 대표 과제	사업비(조 원)		일자리(만 개)	
	2022년까지	2025년까지	2022년	2025년
1 데이터 댐 전산업 5G·AI 융합 확산	8.5	18.1	20.7	38.9
2 지능형(AI) 정부 맞춤형 공공서비스 제공	2.5	9.7	2.3	9.1
3 스마트 의료 인프라 디지널 기반 의료 인프라	0.1	0.2	0.1	0.2
4 그린 스마트 스쿨 디지털 교육환경 조성	5.3	15.3	4.2	12.4
5 디지털 트윈 자율차, 드론 등 신산업 기반 마련	0.5	1.8	0.5	1.6
6 국민안전 SOT 디지털화 핵심기반시설 디지털화	8.2	14.8	7.3	14.3
7 스마트 그린 산단 산업단지를 스마트·친환경으로	2.1	4	1.7	3.3
8 그린 리모델링 공공건축물 에너지 성능 강화	3.1	5.4	7.8	12.4
9 그린 에너지 태양광·풍력 등 보급 확대	4.5	11.3	1.6	3.8
10 친환경 미래 모빌리티 전기·수소차 보급 및 노후차 친환경 전환	8.6	20.3	5.2	15.1

출처: 기획재정부

코로나 시대에도 성장한 산업 분야	업종 & 회사
비대면 배달 사업	라이더 전용 보험, 포장 용기, 택배 박스
캠핑 사업(자연으로 여행)	캠핑회사, 코오롱, 디스커버리 등
엔터/콘텐츠 사업(웹툰, 음원, 교육, 게임)	넷플릭스, 디즈니 플러스, 엔씨소프트 등
비대면 쇼핑 사업	쿠팡, CJ, 마켓컬리, SSG
반도체, IT 산업	삼성전자, 네이버, 카카오

자하는 이유는 그 분야로 돈을 벌고 싶다는 생각이 숨어 있으므로 여러분은 돈이 몰리는 곳, 사람이 몰리는 곳으로 가야 한다는 것입니다.

또 한 가지 팁을 주자면 위기였던 코로나19 상황에도 신규 채용을 늘린 기업, 실적이 늘어난 기업과 산업으로 여러분이 가야 한다는 것입니다. 엄청난 태풍이 왔음에도 피해를 입지 않고 성장했다면, 태풍이 끝나고 나면 더 급격히 성장할 것이기 때문입니다.

셋째, 앞으로도 돈이 계속 잘 벌릴 것이라고 예측되는 분야가 유망하다

유망하다는 것은 돈이 되어야 함을 의미합니다. 앞서 말한 유망학과, 유망 산업도 핵심은 '앞으로' 돈이 되느냐는 것입니다. 아무리 예쁘고, 멋있고, 잘 만든 아이템이 있어도 잘 팔리지 않으면 유망한 아이템이 아닙니다. 결국 많은 관심, 큰 돈, 많은 사람이 모여드는 것들을 해야 합니다.

유망한 아이템
- 외국(선진국)에서 들여오면 잘될 만한 것을 찾아보기

ex 스타벅스, 서브웨이, 쉐이크쉑 버거

- 트렌디한 것을 찾아보기

  ex 틱톡, 카카오, 제페토 스튜디오, 그립

- 대중성이 있는 아이템

  ex 대중가수, 음식, 반려동물, 아기, 트로트 등

- 창의성이 있는 것 찾아보기

  ex 김서림방지 안경닦이, 친환경 목도리 등

- 피해가 큰 것, 재난, 미개척 분야

  ex 재난, 질병, 기상악화, 코로나19, 우주, 심해, 곤충

- 아날로그에서 테크/디지털로 바뀌는 것들

  ex 동대문의 온라인화, 온라인으로 계약 등

- 일반인의 준 연예인화

  ex 인플루언서, 파워 인스타그래머, 유튜버의 등장 등

만일 여러분이 하고 싶은 전공이 있다면 그걸 하되, 그것을 유망한 것과 결합할 수도 있다고 생각하기 바랍니다. 가령 경영+IT, 디자인+IT, 물리+통계처럼 말이지요. 지금은 복수전공, 멀티인재, 융합인재가 각광받는 시대이기 때문입니다. 그리고 만일 하고 싶은 것이 없다면 위에 언급한 잘될 만한 것을 하는 게 여러분의 미래에 좋을 것입니다. 최소한 먹고사는 데 문제는 없을 것이기 때문입니

다. 꼭 유망한 것을 찾아보고 미리 경험해 보며 진로를 탐색해 보기 바랍니다.

앤디 쌤의 KEY POINT

• 돈이 몰리는 곳, 사람이 몰리는 곳으로 가자.
• 자신이 하고 싶은 것을 유망한 것과 결합해 보자.

MISSION 🎯
구글에서 SK 입사자 출신 대학 찾기
삼성전자 리쿠르팅 대학 및 입사자 대학 명단 **찾기**

공부를 못 해도 괜찮다,
다른 것을 잘하면 되니까

저는 지구과학을 좋아해서 자원지질학(Geology)을 전공으로 선택했습니다. 그리고 회사 역시 에너지자원 관련 대기업에 입사하여 석탄광산, 아연광산, 구리광산 등의 업무를 했습니다.

여러분께 질문을 하나 하겠습니다. 여러분이 금광을 개발한다면 거기에는 금 광물 하나만 있을 거라 생각하나요? 아닙니다. 광산 하나를 개발하면 그 안에는 금, 은, 동, 아연, 철, 망간 등 여러 광물이 함께 있으며, 금보다 오히려 구리나 아연 같은 광물이 더 많이 발견됩니다. 그리고 금 가격만큼 가치 있게 각각의 광물들이 현대자동차, 포스코, 건설사 등으로 판매됩니다. 제가 갑자기 금광 이야기를 하는 이유는 금광이 우리 인생과도 비슷하기 때문입니다.

누군가는 금의 역할을 하고,
누군가는 아연의 역할을 하게 된다

저는 여러분이 공부를 잘하면 유리한 것은 맞지만, 혹시 못하더라도 괜찮다는 점을 꼭 강조하고 싶습니다. 많은 사람이 명문 대학(금), 좋은 직장(다이아몬드)을 원하지만, 살다 보니 금은 금의 삶을 살면 되고, 은은 은의 삶을 살게 됨을 알았습니다. 가령, 동(Cu), 아연(Zn), 철(Fe), 망간(Mn) 등은 각자의 역할을 하며 사회에서 조화롭게 살아갑니다. 또, 철과 알루미늄은 건축물과 자동차에서 금과 은이 하지 못하는 역할을 하며, 리튬과 망간은 전기차 배터리의 핵심 광물로 사용됨으로써 그 가치를 드러냅니다.

마찬가지로 혹시나 여러분이 공부는 조금 부족할 수 있어도 디자인 능력, 화술, 사람과 잘 어울리는 능력, 앞서서 누군가를 이끄는 능력, 누군가에게 뭔가를 소개하는 능력, 게임을 잘하는 능력 등으로 사회에서 각자의 역할을 하면 됩니다. '아 세상에는 정말 다양한 역할과 기회가 존재하는구나' 하는 사실을 명확히 알자는 것입니다.

누구나 각자 잘하는 것이 분명 있다

세상은 여러 원소, 광물로 이루어져 있습니다. 금속 광물, 비금속 광물, 철금속, 비철금속 등 각자 역할, 각자 전공에 따라 충분히 행복한 삶을 살 수 있습니다. 내가 비록 금, 은, 다이아몬드가 아닐지라도 리튬, 코발트, 아연 등으로 세상에서 충분히 가치를 인정받을 수 있음을 꼭 알아야 합니다.

tvN의 〈신서유기〉를 아나요? 출연진 7명이 배꼽 빠지게 웃기는 예능 프로그램입니다. 저는 그 프로그램을 보면서 '출연진의 역할이 조화롭게 잘 구성되어 있구나!'를 느낍니다. 생각해 보세요. 모두가 강호동 같으면 어떻게 될까요? 모두가 은지원 같으면 어떻게 될까요? 이수근은요? 세상은 정말이지 각기 다른 색깔의 사람들이 모여 살아가는 아름다운 공간입니다. 그럴 때 오히려 더 빛이 나고 재미가 있는 법입니다.

자신이 잘하는 것을 찾은 선배들

- 곤충에 관심이 많아서 곤충 관련 박사가 된 선배 A
- 미용에 관심이 많아 미용고등학교에 진학한 선배 B
- 말을 잘해서 고등학교 졸업하자마자 장사를 시작한 선배 C
- 가족과 캠핑을 자주 가던 추억이 전공이 되어 캠핑장 사업을 한 선배 D
- 수학과 야구를 좋아해서 야구통계 프로그램을 개발한 선배 E
- 영어와 코딩을 결합해서 외국 K-pop 팬 커뮤니티를 만든 선배 F
- 나만의 카페를 창업한 선배 G

누구나 잘하는 것이 분명 있습니다. 공부에 최선을 다하되 공부를 못하더라도 분명 여러분도 자신이 잘하는 것이 있을 것입니다. 그것을 10년간 찾으면 되니 느긋하게 마음먹기 바랍니다.

당신이 빛날 타이밍은 아직 오지 않았을 뿐!
곧 올 것이다!

20년 전만 하더라도 리튬과 망간은 큰 가치가 없었습니다. 하지만 전기차 시장이 커지는 지금, 리튬과 망간은 20년 전에 비해 수백 배가 넘는 가격에 거래되고 있습니다. 과거에는 가치가 없었지만, 지금은 희귀하다는 이유로 가치가 폭등한 것입니다. 여러분 역시 마찬가지입니다. 혹시나 학교 성적은 낮을지라도, 여러분만의 능력이 있다면 그것이 빛을 발하는 타이밍이 곧 올 것이고, 여러분의 가치는 폭등할 수밖에 없음을 꼭 알기 바랍니다. 실제로 그렇게 자기만의 것을 가지고 나중에 대박을 터트린 선배들이 무수히 많습니다.

여러분, 모두가 금이나 다이아몬드를 가지면 좋겠지만 그러지 못하더라도 괜찮다는 사실을 꼭 알아주기 바랍니다. 그저 어느 분야가 되든 최선을 다해 보고, 잘되지 않으면 쿨하게 다른 분야에 또 도전하면 됩니다. 공부 못한다고, 여러분 자신을 학대하지 말고 주눅 들지 마세요. 누구나 잘하는 것이 분명 몇 가지는 있습니다. 그걸 잘 발견하면 됩니다. 김밥을 잘 만들어서 팔아도 되고, 망치질을 잘해서 최고의 목수가 되어도 좋습니다. 연예인 뺨칠 만큼 화장을 잘해도 됩니다. 최선의 높이를 높이면 언젠가 최고가 되어 세상이 여러분을 알아줄 것입니다.

앤디 쌤의 KEY POINT

- 세상에는 정말 다양한 역할과 기회가 존재한다.
- 자신이 잘하는 것을 발견하여 노력하면, 자기만의 가치를 발현하는 타이밍은 반드시 온다.

MISSION 🎯
tvN 〈신서유기〉 '딸기게임' 찾아보기

꿈을 찾고자 한다면
'이것'을 제대로 하기를

"꿈이 없는데 어떻게 하죠?" "뭘 해야 할지 모르겠어요." "좋아하는 게, 잘 하는 게 없어요."

지난 7년간 강연을 마치고 현장에서 가장 많이 들은 말입니다. 이 질문에 대한 답을 쉽게 설명하겠습니다. 아마 읽고 나면 뭔가 큰 그림이 보일 겁니다.

여러분이 꿈이 없는 것은 당연하다

뭘 먹어 봐야 맛있다고 할 수 있지 않을까요? 어딜 가 봐야 거기 참 멋있다고 하지 않을까요? 누굴 만나 봐야 사랑이 아프다고 할 수 있지 않을까요?

마찬가지로 여러분이 세상에 대한 경험이 없으니 꿈이 없는 것은 당연합니다. 여러분이 세상에서 이런저런 일을 겪어 봐야 꿈이 뭔지, 내가 좋아하는 게 뭔지 알 수 있는데 여러분은 못 해 봤기 때문에 당연히 꿈을 못 찾은 것입니다.

생각해 보세요. 학교에서 공부하고, 친구와 노는 것 말고 어떤 경험을 해 봤죠? 특히 학교 밖에서 무엇을 해 봤는지 생각해 보세요. 아마 진로 탐색 경험이나 외부 경험이 거의 없을 것입니다. 그러니 꿈이 없다고 주눅 들지 말고, 부모님에게 미안해하지 않아도 됩니다. 그저 지금부터 어른 경험, 세상 경험을 시작해 보면 됩니다.

여기서 중요한 것은 10대가 할 수 있는 일이 아닌, 30대나 40대가 하는 일을 겪어 봐야 하는 것입니다. 그래야 진짜 직업을 이해할 수 있기 때문입니다. 그럼 이어서 설명하겠습니다.

학교 밖에서 어른들의 일을 경험해 보자

지금은 종영한 SBS 〈영재 발굴단〉이라는 프로그램이 있습니다. 그 프로그램은 어린 나이의 친구들이 세상의 일을 어른만큼 잘해서 영재라 불리는 프로그램입니다. 초등학생이 어른만큼 수영을 잘하면 수영 영재, 유치원생이 어른만큼 영어를 잘하면 영어 영재, 중학생이 어른처럼 포크레인을 잘 다루면 굴삭기 영재 소리를 듣는 것입니다. 같은 원리로 여러분이 10대 시절부터 '어른 경험'을 다양하게 쌓으면 여러분은 기업이 서로 뽑아가려 하는 '인재'가 되는 것입니다.

다시 강조하지만 어른들의 세상일을 경험하는 것이 핵심입니다. 내가 만일 공부에 관심이 없고 유튜브 보는 것을 좋아한다? 그럼 여러분은 어른들이 하는 유튜브를 보지만 말고 직접 해 보기 바랍니다. 혼자 대본도 써 보고, 콘셉트, 채널명, 의상도 만들어 보고, 카메라 조작과 영상 편집도 해 보기 바랍니다. 왜? 돈 벌고 사랑받기 위해 어른들이 실제로 하고 있기 때문입니다.

만일 내가 화장품에 관심이 있다? 엄마 아빠와 함께 올리브영에 가서 종류별로 화장품을 사서 분석해 보고, 엄마에게 직접 화장도 해 주기 바랍니다. 또 화장품 공장에 견학도 가 보고, 화장품을 도매로 사 와서 네이버에 팔아 보기 바랍니다. 그렇게 어른들의 일을 직접 해 보면 내가 화장품 분야 중에서 제조에 관심이 있는지, 판매에 관심이 있는지, 누군가를 메이크업 해 주는 데 관심이 있는지 알게 됩니다.

자신이 뭘 좋아하는지 아예 모르겠다는 친구들도 많습니다. 그런 경우 무조건 '사람인'이라는 사이트를 찾아보기 바랍니다. 그 사이트의 직업별/산업별 카테고리 중에서 관심 있는 단어를 찾아 클릭해 보기 바랍니다. '나는 레저, 스포츠를 좋아해. 나는 교육업을 좋아해. 나는 미디어, 디자인을 좋아해.' 이렇게 뭔가가 정해지면 그곳에 있는 수많은 회사를 클릭하여 그곳과 관련된 아르바이트, 경험을 해 보는 것입니다.

제가 아는 수현이의 사례를 말해 주겠습니다. 제가 컨설팅을 한 이후로 수현이는 부모님과 함께 진로 체험을 진행했습니다.

"쌤, 저는 사실 좋아하는 게 없었는데요. 쌤 말대로 사람인 사이트 들어가서 보니 그나마 제가 뷰티, 미용에 관심이 있다는 것을 알게 되었어요. 그래서 엄마와 같이 엄마 단골 미용실에 가서 하루 1시간씩, 2주일 동안 청소하는 것을 돕기로 했어요. 물론 거기서는 처음에 제가 청소년이다 보니 거절하셨는데 계약서를 쓰고 제가 진로 체험을 진행할 수 있게 해 주셨어요.

저는 1시간을 일하기로 계약했지만 1시간 반 정도 그 미용실에 있으면서 손님들과 미용사들을 관찰하고, 또 바닥 청소도 하면서 미용실의 분위기, 경영을 배울 수 있었어요. 무엇보다 그렇게 일주일을 하다 보니 미용사 언니 오빠들과 친해져서 현장에서의 어려움과 조언, 수입을 사이다처럼 솔직하게 듣게 되어 너무 좋았어요.

지금요? 제 꿈은 미용사가 아니에요. (하하) 저와는 안 맞는 것을 알았어요. 대신 또 다른 꿈이 생겼어요."

수현이가 한 것을 보니 어떻게 어른들의 일을 경험해야 할지 이해가 되지요? 여기에 추가로 지난번 책(《10대를 위한 완벽한 진로 공부법》)에서 강조한 '5-5-5의 법칙'을 꼭 적용하기 바랍니다. 내가 관심 있는 분야 전문가 5명 만나기, 관심 분야 책 5권 보기, 관심 분야 유튜브 5개 시청하기를 꼭 하기 바랍니다. 정말로 그것만 하면 여러분은 청소년 상위 1%가 아닌, 전 국민 상위 1%가 될 수 있습니다. 제 말을 꼭 믿어 주기 바랍니다.

꿈이 없다면 '돈'을 목표로 살아보자

여러분이 볼 때 꿈은 이루기 쉽다고 생각하나요? 누구나 꿈을 이룬다고 들었나요? 아니죠? 세상에 나오면 먹고살기 위해 일하는 선배와 어른들이 정말 많습니다. "꿈이요? 그런 달달한 건 세상의 차가움 앞에 '낭만'일 뿐입니다"라는 선배도 있습니다. 자기가 잘하는 것과 좋아하는 것으로 잘 먹고 잘 사는 것은 모두의 꿈이지만 그런 경우는 10%가 안 될 것입니다.

"여러분의 가슴이 시키는 일을 하세요. 마음이 이끄는 일을 하세요. 세상에 의미 있는 일을 하며 여러분의 인생을 던지세요!"라는 말을 그래서 저는 쉽게 하지 않습니다. 대신 꿈과 현실의 균형을 맞추라고 말하고 있습니다. 무작정 꿈만 강조하지도 않고, 무조건 현실만 강조하는 것이 아니라 그 균형을 잘 이루는 삶이 행복이기 때문입니다.

그런 면에서 꿈이 없다면 현실적인 '돈'을 목표 삼아 진로를 설정하기 바랍니다. 돈은 절대 나쁜 것이 아닙니다. 돈이 많다면 여러분 부모님이 더 이상 고생 안 하고 쉽게 해 드릴 수도 있고, 여러분이 하고 싶은 일을 마음껏 할 수 있게 하는 소중한 도구가 바로 돈입니다. 그러한 돈을 빨리, 많이 번다면 여러분은 누구보다 행복한 인생을 살 수 있게 됩니다. 그러므로 만일 꿈이 없다면 '어떻게 하면 돈을 잘 벌 수 있을까?'를 생각하며 진로를 설정하기 바랍니다.

'공부는 못했는데 돈 잘 버는 선배가 누가 있을까? 지금 돈이 잘 벌리는 사업, 아이템, 분야는 무엇일까? 화장품으로 돈 많이 버는 사람은 누가 있고, 어떻게 벌고 있을까? 유튜브 조회수 높은 사람은 어떻게 찍고 있을까? 현대차에 생산직으로 들어가면 연봉 6천만 원 받는다는데 진짜일까? 삼성전자에 들어가면 연봉이 6천만 원이라는데 어떻게 들어갈 수 있을까?' 등 돈을 중심으로 내 진로를 설정하는 것입니다. 앞으로 세상은 학벌보다 돈을 누가 더 잘 버느냐를 중시하는 시대로 넘어갈 것이기 때문입니다.

앞에서 강조한 어른스러운 경험과 돈을 중심으로 한 진로 설정을 꼭 기억하기 바랍니다. 그렇게 가족과 함께 세상에서 어른스러운 경험을 많이 쌓고, 온 가족이 함께 돈을 많이 벌 생각을 하기 바랍니다. 그럼 그 과정 자체가 재미있고, 돈도 벌리고, 진로도 찾게 되니 일석 삼조를 이루게 될 것입니다. 파이팅!

앤디 쌤의 KEY POINT

• 꿈과 현실의 균형을 맞추자.
• 세상은 학벌보다 돈을 누가 더 잘 버느냐를 중시하는 시대로 넘어갈 것이다.

MISSION ◎
스펙에듀스 사이트, 사람인 사이트 들어가 보기

학교는 생각보다
중요한 공간이다

많은 선배들이 저에게 이렇게 부탁합니다.

"앤디 쌤, 애들에게 학교 졸업하기 전에 미리 연습 좀 하고 나오라고 꼭 알려 주세요."

"공부 못해도 이거만 배워 와도 사회에서 충분히 먹고산다고 꼭 이야기해 주세요."

선배들은 졸업하는 순간부터 세상이라는 실전에 바로 투입되어 사람들에게 혼나고 깨지고 있습니다. 그래서 자신들이 연습이 부족했다는 사실에 큰 아쉬움을 토로합니다. 여러분은 꼭 학교라는 공간에서 세상에 필요한 역량을 미리 연습하고 오라고 말이지요. 그럼 여기서 말하는 연습은 어떤 것이 있을까요?

세상에 필요한 역량을 학교에서 연습해 보기

- 선생님과 친구를 예의 바르게 대하기
- 리더가 되어 사람을 잘 따르게 하기
- 사람과 원만하게 어울리기
- 사람에게 강력하고 매력적인 인상을 주기
- 국가 예산으로 지원받아 진로 설정, 창업 동아리 등 무료로 해 보기
- 동아리 활동을 통한 팀워크 훈련 해 보기
- 글 잘 쓰고, 잘 읽고, 말 잘하기
- 기획 연습하기(학교 축제 기획, 현수막 제작, 공모전/대회 참여)
- 컴퓨터 연습하기(한글, MS워드, 엑셀, PPT, 포토샵/일러스트, 베가스/프리미어, 망고보드 등)
- 외국어 연습하기(영어, 일어, 스페인어, 중국어, 독일어, 인도네시아어, 베

트남어 등)

- 센스(상대방이 원하는 것을 먼저 하기) 키우기
- 돈, 경제 공부하기
- 토론해 보기
- 민주시민 연습
- 실용창의력 키우기

저 역시 여러분의 선배 말대로 힘주어 강조합니다. 살다 보니 학벌이 조금 부족해도 엑셀, PPT, 디자인만 잘해도 충분히 상위권 인재로 인정받을 수 있습니다. 말솜씨가 좋고, 글을 잘 쓰는 사람이되면 학벌이 부족해도 유튜브 크리에이터, 영업사원으로 성공할 확률이 매우 높아집니다. 정말입니다. 사람에게 평소에 인사를 잘 하는 사람은 사회에 나와서도 예의 바른 사람으로 이미지가 형성되고, 학교 다닐 때 말을 논리정연하게 잘 하는 사람은 졸업한 뒤 사회에서도 그 언변 덕분에 취업과 창업에 크게 유리해집니다.

개인적으로는 창업 훈련/기업가 정신 훈련을 꼭 하고 졸업하기를 권합니다. 단순히 창업자가 되라는 의미가 아닙니다. 창업 동아리, 비즈쿨, 학교 축제 판매 프로젝트 등을 하고 나면 아래의 장점이 있기 때문입니다.

❶ 사는 사람에서 파는 사람이 되면 '세상을 바라보는 관점'이 달라진다.

❷ 누군가의 귀중한 지갑을 열게 만드는 '설득력'이 생기고, 타인에 대한 '이해/공감 능력'이 향상된다.

❸ 직원으로 살다 사장이 되면, '사람에 대한 책임감'과 '비즈니스 분야에 대한 시각'이 확대된다.

❹ 창업을 하면 '어떤 직원을 뽑고 싶은지' 철학과 관점이 생겨서 나중에 취업 준비에 유리해진다.

❺ 대입 자소서, 면접에 '창업 경험'을 녹여 내어 면접관에게 좋은 이미지를 줄 수 있다.

이렇듯 학교에서 최대한 연습을 많이 하고 나와야 사회에서 인재로 불리고, 함께 일하고 싶은 동료로 인식됩니다. 학교는 그저 공부만 하고, 수업만 듣다 오는 공간이 아니라 사회로 나오기 전 모든 것을 연습할 수 있는 최고의 공간입니다.

사람 관계, 화술, 예절 등 사회생활에서 필요한 모든 것을 사람들 상대로 연습하기 바랍니다. 공부? 못해도 됩니다. 정말입니다.

하지만 공부 말고 위에서 강조한 사회성, 인간관계, 둥근 성격, 사랑받는 법 등을 연습하지 않으면 공부도 못하는데 매력도 없고, 예의도 없고, 자기만 챙기는 이기적인 사람으로 사회에서 낙인찍힐 수 있음을 명심하기 바랍니다.

끝으로 무서운 이야기 하나 해 줄까요? 여러분이 교복을 벗고 세상에 나가는 순간 세상은 여러분을 엄마처럼 품어 주지 않습니다. 잘못을 훈계해 줄 선생님도 없고, 잘못을 가려 줄 교복도 사라졌기에 여러분 스스로 모든 것을 책임져야 합니다.

세상에 나오는 순간 남들은 여러분이 잘되든 안 되든 크게 관심이 없습니다. 오히려 여러분이 안 되길 바라는 사람이 생각보다 많습니다. 말 그대로 경쟁사회이기 때문입니다. 여러분은 정말 큰일 날 일만 남은 것입니다. 그러니 최대한 여러분이 사회에 나오기 전에 이런저런 준비를 꼭 하고 나오기 바랍니다. 알겠죠?

앤디 쌤의 KEY POINT
- 학교는 사회로 나오기 전 모든 것을 연습할 수 있는 최고의 공간이다.
- 세상에 필요한 역량을 학교에서 미리 연습하자.

MISSION 🎯
사용하지 않는 물건 중고로 팔아 보며 흥정하기

#공부와 꿈 #성장과 성공 #돈 #사람 #세상 #행복

성장과 성공에 대하여 알게 된 것들

Wish I Had Known
Before Graduation

'성공'이 아닌
'성장'에 집중하면 성공합니다

"축하해요, 나은 씨. 요즘처럼 어려운 시기에 취업에 성공하셨네요?"

"감사합니다. 운이 좋았어요."

"비법 좀 알려 주세요. 취업에 성공한 비법이요."

"제 생각에는 아마 면접관들이 저의 공모전 수상 경력, 인턴 경험을 높이 평가해 주신 것 같아요."

"아하. 그러면 공모전 관련하여 나은 씨만의 노하우가 있겠네요?"

"저는 수상하려 하기보다, 제가 성장하는 데 집중했어요. 제가 공모전에 여러 번 입상한 것으로 보이지만, 사실 제가 시도한 횟수에 비하면 1/3도 안 돼요. 그만큼 저는 실패를 더 많이 했는데 떨어질 때마다 왜 떨어졌고, 뭐가 부족했는지 분석하며 묵묵히 나아갔어요. 그렇게 하다 보면 저 스스로 조금씩 나아지는 게 보여서 재미가 있어요. 그러다 보면 주위에서 칭찬도 자연스레 늘고, 그럼 자신감이 향상되고, 그럼 또 더 나은 결과물이 나오게 되죠. 그러다 운이 좋아서 수상하고 그랬어요. 솔직히 실력 반 운 반이에요."

저는 꿈을 이룬 선배들과 인터뷰를 자주 진행합니다. 그래야 가장 최신의 취업정보를 강연에 녹여 낼 수 있기 때문입니다. 위 내용은 최근 모 대기업에 합격한 여러분 선배와 나눈 대화인데, 뭔가 느껴지지요? 성공한 사람이 말하는 '성장'의 중요성 말이에요.

대부분 사람들은 성공이라는 결과적 열매에만 집중하고, 성장이라는 과정의 씨앗에는 큰 관심을 갖지 않습니다. 나은 씨의 말대로 우선 성장해야 성공할 수 있습니다. '성공'하려 하는 것이 아니라 '조금만 더 나아지기'에 집중하는 것입니다. 나은 씨 말대로 실패하고 넘어지는 것은 지구에 있는 모든 사람의 인생입니다. 중요한 것은 이런 실패에서 얼마나 성장하느냐가 결국 조금씩 차이를 벌리게 한다는 것입니다.

로또 같은 '운'을 제외하면, 성공은 아무에게나 오지 않습니다.

성공은 1에서 시작하여 2, 3, 4, 이렇게 점점 성장한 사람들에게 오는 '선물'이기 때문입니다. 힘주어 말하고 싶습니다. 1학년을 6년 다닌다고 경력이 6년이 되는 것이 아닙니다. 여전히 1학년이고 1년만 경험한 사람일 뿐입니다. 1, 2, 3, 4, 5, 6학년을 차례로 다니고 한해 한해 성장해야 6년 경력자, 6학년이 되는 것입니다.

'경험'과 '연습'을 통해
자신의 성장에만 집중하자

저 역시 마찬가지였습니다. 첫 번째 출간한 책은 쫄딱 망했습니다. 하지만 두 번째 책인 《10대를 위한 완벽한 진로 공부법》은 대박이 났습니다. 저는 《완진공》을 준비하면서 지난번 책과 다르게 써야겠다고 생각하여 지난번 책의 아쉬운 점을 객관적으로 분석했습니다. 그렇게 구매자와 독자 입장에서 생각하며 썼습니다. 철저히 '개선'과 '성장'에만 집중하며 집필했습니다. 그랬더니 생각지도 않은 베스트셀러 작가가 되었습니다. 앞으로 이 책 후반부에 나올 성공 노하우를 그저 책에 녹여 내며 '성장'에만 집중했을 뿐입니다.

마찬가지로 여러분 역시 학교와 사회에서 많은 '경험'과 '연습' 을 통해 자신의 성장에만 집중해야 합니다. 그래서 여러분이 꼭 해야 할 것으로 친구들과 함께 '학생 공모전' 도전하기를 추천하는 것입니다. 공모전에서 수상하면 수십만~수백만 원의 상금도 받고, 대입/취업 스펙에도 도움이 되니까요.

또, 이 과정을 통해 여러분은 실제 능력을 향상시킬 수 있고, 여러분의 결과물을 통해 대학과 기업이 원하는 '역량'을 면접관에게 어필할 수 있습니다. 위에 언급하지는 않았지만 나은 씨가 합격한 가장 큰 이유 역시 수상 경력보다 수상 결과물이었습니다. 대학생의 결과물이 현업 직장인보다 뛰어났기 때문입니다.

실제로 어른들의 취업 과정에서 합격을 좌우하는 요소가 스펙에서 '포트폴리오'로 점점 바뀌고 있습니다. 기존의 겉만 번지르르한 스펙, 잘 하지는 못하지만 전문가로 보이는 종이 자격증보다 실제로 내가 할 수 있는 것, 그동안 작성한 포트폴리오 목록, 논문, 결과물을 보며 '이 사람이 우리 회사에서 실제로 일할 능력이 있는지 없는지'를 판단하는 것입니다.

여러분, 꼭 기억하기 바랍니다. 일단 키가 큰 사람으로 성장해야 농구선수가 될 수 있습니다. 성공하려면 성장이 우선입니다. 마찬가지로 여러분도 '역량'이라는 성장에만 온전히 집중하면 성공할 것입니다. 영어 만점, 자격증 획득, 대학 합격, 취업 성공을 위해서는 하루하루 개선되고 성장만 하면 됩니다. 그럼 나도 모르게 내가 원하는 대학 혹은 그다음으로 원하는 대학에 입학해 있을 것이고, 또 첫 번째 기업 혹은 내가 원하는 두 번째 기업에 취업이 되어 있을 것입니다. 성공은 그저 선물입니다. 꼭 '어제보다 조금만 더 나아지자'에만 집중하기 바랍니다. 진심으로 어른들은 사회에서 그런 것을 보고 있습니다.

성장 방법

❶ 메타인지 = 내 부족함을 알기. 간절함과 동기부여 필요. 자기 분석

❷ 작은 성취, 꾸준한 성취, 주변의 인정과 칭찬

❸ 1등 모방과 나만의 것 덧붙이기, 특이한 무기 장착을 통한 실력 향상

❹ 꾸준한 훈련과 연습으로 레벨업

❺ 적절한 목표와 동기부여 그리고 첫 번째와 네 번째 반복하기

앤디 쌤의 KEY POINT

- 겉만 번지르르한 스펙보다는 실제로 내가 할 수 있는 것. 나만의 '포트폴리오'를 기록하고 만들자.
- '어제보다 조금만 더 나아지자'에 집중하자.

MISSION
유튜브에서 '샤이니 태민 노력'이라 검색하고 찾아서 보기

'시작'만하면
최소 중위권은 확보합니다

손흥민 선수는 공이 없을 때 움직임(off the ball)이 매우 좋은 선수입니다. 수비수를 방심하게 하다가 수비수 뒤로 갑자기 뛰기 시작하는 오프더볼 말이지요. 당황한 수비수들은 뒤늦게 쫓아가지만 이미 속도가 붙은 손흥민 선수를 따라잡기에는 늦어 버렸습니다. 그렇게 골을 허용하고 맙니다.

손흥민 선수와 달리 대부분의 선수들은 오프더볼 움직임이 좋지 않습니다. 공이 오기를 그저 기다리고, 패스를 해 줘도 쓸모없는 위치에 서 있고, 상대 수비를 괴롭히지 않습니다. 일단 뛰어야 골 찬스가 생기고, 받을 선수가 공간으로 이동하며 뛰어야 패스를 찔러 줄 텐데 멀뚱멀뚱 있다 보니 골 찬스가 전혀 생기지 않는 것입니다.

어떤 선배 A가 있습니다. 그는 이런 말을 입에 달고 삽니다. "아, 내일부터 할게요. 왜냐하면요….""미안한데 다음 주부터 해야 해요. 왜냐하면요….""에이, 그걸 어떻게 해요?""경험이 없는데 가능해요?""돈이 얼마나 드는지 아세요?""그거 힘든 거 아니에요? 저 안 할래요.""그거 안 되는 경우도 많아서 안 하는 게 나을 수도 있어요."

여러분이 사장이라면 이 선배를 뽑고 싶나요? 여러분이 면접관이라면 이 선배를 우리 대학에 뽑고 싶나요? 저라면 뽑지 않을 것입니다. 왜냐하면 게으르고, 잘 미루고, 부정적이고, 행동보다 말이 많기 때문입니다.

어떤 선배 B가 있습니다. 그 선배는 '집에 가서 영어단어 외워야지' 하고 생각하는 게 아니라 화장실에서, 이동하는 통학 차량 안에서 바로바로 외워 버렸습니다. '이것까지만 보고 핸드폰 그만 봐야지' 하는 것이 아니라 아예 핸드폰을 멀리 놓아 두었습니다. 그냥 바로 시작해 버린 것입니다. '어려워 보이는데… 음, 그래도 일단 해 보자!' '이거 처음이라 부담스러운데, 이거 지난번에 C가 해 본 적 있다는데 한번 물어봐서 노하우 좀 얻고 시작해야겠다.' '이거 1시까지만 보고 자야겠다.'

여러분이 사장이라면 이 선배는 뽑을 건가요? 저라면 뽑습니다. 당장 뽑습니다. 도전적이고, 미루지 않고, 긍정적이고, 바로바로 시작하는 사람이기 때문입니다. 또, 평계와 이유를 찾지 않는 사람이기 때문입니다.

꿈을 이루는 첫 번째 방법, '빠른 시작'

여러분은 미루는 사람인가요? 아니면 뭐든 바로바로 실행하는 사람인가요? 저는 여러분이 미루지 않고, 게으르지 않고, 바로바로 시작하는 사람이면 좋겠습니다. 게으름은 가난의 시작이고, 게으름은 뒤처짐의 시작이기 때문입니다. 남보다 몇 초 늦게 출발하면 순위가 당연히 뒤로 밀리겠지요?

꿈을 이룬 선배, 상위권에 든 선배, 목표를 달성한 선배들은 공통적으로 남보다 빨리 시작하고, 뒤로 미루지 않고, 바로바로 일을 실행에 옮겼습니다. 직장인 선배들은 빨리 시행착오를 겪으며 수정, 보완, 개선작업을 진행하고 거기서 보완점을 수정하여 완전체를 내놓았습니다. 삼성 핸드폰, 현대차, JTBC 〈아는 형님〉, MBC 〈라디오스타〉 등 세상의 모든 것들이 빠른 시작 이후 시행착오를 통한 개선으로 성장했습니다. 그들은 공통적으로 무조건 빠른 실행과 시행착오, 그리고 개선작업을 하고, 이것을 반복해 행할 뿐입니다.

이 책 역시 마찬가지입니다. 누군가는 놀고 있을 때, 여러분은 이 책을 읽고 있기 때문에 무조건 남보다 앞서 나가게 되어 있습니다. 시작이 반입니다. 귀찮아서 안 하고, 게을러서 안 읽는 사람 때문에 무조건 앞설 수 있게 됩니다. 세상은 공평하게도 말만 하고 행동하지 않는 사람, 뭘 할 생각조차 없는 사람들 때문에 앞서 나갈 수 있도록 설계되어 있습니다.

그래서 강연할 때 저는 꿈을 이루기 위한 방법으로 제일 먼저 '빠른 시작'을 이야기합니다. 시작만 하면 시작도 안 하는 절반 이상의 사람들 때문에 중위권 안에는 들기 때문입니다. 제가 바로바로 하라는 것은 거창한 것이 아닙니다. 그냥 일상에서 공부, 기상, 청소, 식사, 취침 등 모든 것을 바로바로 하는 습관을 말하는 것입니다.

일상에서 바로바로 실행해 보기

- 귀찮다고 양치 미루지 않기
- 책상에서 일어날 때 청소 딱 10초만 하기(나도 모르게 30초 하게 되어 있음)
- 취침 전에 다음 날 할 일 미리 스케줄 정리하기(계획하면 다음 날 잊어 먹지 않게 됨)
- 약속한 하루 5개 영어단어 꼭 외우고 자기(화장실, 통학 중에 자투리 시간 활용)

그러므로 '내일부터 열심히 하자' 하는 사람은 그 생각 자체를 바꿔야 합니다. 무조건 미루지 않고 바로바로 하려는 사고와 자세를 가져야 합니다. 오늘이 바뀌어야 내일이 바뀌기 때문입니다. 시작하는 사람과 시작하지 않는 사람은 그 시작 하나만으로 인생이 바뀌어 버립니다. 여러분의 선배들처럼 말이지요. 그리고 그 격차가 벌어지면 따라잡기 위해 더 많은 시간과 에너지가 필요하고, 어쩌면 영영 따라잡지 못할 수도 있습니다.

물론 여러분이 지금 가진 것에 만족하거나, 뭔가를 더 갖고 싶지 않다면 그러지 않아도 됩니다. 풍족하고 만족스러운데 열심히 할 필요가 있을까요? 하지만 잘되고 싶고, 하나라도 더 가지고 싶고, 꿈을 이루고 싶다면 미루지 말고, 하기로 한 것과 반드시 해야 하는 것을 빨리 실행해야 합니다. 원하는 대학에 가고, 돈을 많이 벌고, 좋은 직장에 들어가고, 부모님 고생 덜 시켜 드리고, 미래의 배우자와 아이를 호강시키려면 그저 빨리 실행해야 하는 것입니다. 세상은 그런 사람들이 먼저 성공하도록 설계되어 있기 때문입니다.

꼭 기억해 주세요. 선배들 역시 여러분과 똑같이 미룰지, 안 미룰지 선택하는 상황에 처해 있었습니다. 그리고 어떤 선배는 미루었고, 또 어떤 선배는 미루지 않고 바로바로 했습니다. 그렇게 선배들의 인생을 갈라 놓았습니다. 바로 시작하고, 참여하고, 도전하고, 만들었더니 그냥 자신도 모르게 중간 이상은 되는 것입니다.

여러분께도 부탁하고 싶습니다. 아무 생각 없이 뭐든 질러 보세요. 중간에 포기해도 되니 질러 보기만 하세요. 그럼 최소한 중간은 가게 되어 있습니다. 저는 진심으로 여러분이 최소 중간은 갔으면 좋겠습니다. 파이팅!

앤디 쌤의 KEY POINT

- 일상에서 공부, 기상, 청소, 식사, 취침 등 모든 것을 바로바로 하는 습관을 들이자.
- 오늘이 바뀌어야 내일이 바뀐다.

MISSION
잠깐 책 읽기를 멈추고, 바로 스트레칭하기!

'완주'하면
중상위권이 됩니다

A 마라톤대회에서 42.195km를 끝까지 완주하는 일반인을 통계낸 적이 있습니다. 그 결과가 참 재미있는데요, 전체 참가자 중 20%는 그날 아예 마라톤 경기장에 나오지도 않았고, 나머지 50%는 뛰다가 중도 포기했고, 나머지 30%는 끝까지 완주했다는 것입니다. 즉, 참가하고 완주만 했더니 상위 30%에 들어갔다는 통계였습니다.

그래서 저 역시 현장에서 '죽이 되든 밥이 되든 끝까지 완주만 하자!'고 꼭 강조합니다. 살다 보니 끝까지 하기만 하면 마라톤대회 통계처럼 모든 분야에서 중상위권이 되기 때문입니다. 블로그, 인스타, 유튜브도 1년만 꾸준히 하면 대한민국 상위 20% 안에 들 수 있으며, 한글타자, 영어타자를 1년 꾸준히 연습해 500타, 300타만 넘어도 상위 20% 안에 들 수 있습니다. 또, 하루에 100원씩만 기부를 해 보세요. 그럼 1년에 36,500원을 기부하게 되는데, 여러분은 상위 20% 안에 드는 기부자가 될 수 있습니다. 그런 면에서 여러분도 아래 예시를 딱 2주만 꾸준히 해 보기 바랍니다.

완주하기 프로젝트

- 딱 2주만 독서실에서 제일 늦게 퇴실하기
  - ▶ 제일 늦게 퇴실하기를 2주만 완주하면, 3주, 5주, 8주 계속 끝까지 남아 있게 됨
- PC로 한컴타자연습 한글/영어타자 10분씩 연습하기
  - ▶ 가장 쉬워 보이는 장문장을 게임처럼 해서 기록을 갱신해 보기
- 딱 2주만 매일 인도네시아어 단어 5개씩 외워보기
  - ⓔⓧ 나마 사야 앤디~ ＝ 나의 이름은 앤디입니다
- 딱 2주만 매일 한자 5개씩만 외워 보고 3급 자격증 시험에 도전하기
  - ▶ 3급 자격증에 도전해서 합격하면, 2급 자격증에 도전하게 됨
- 벽에 등과 엉덩이를 붙이고 기대어 서 있기(거북목 교정용, 척추 운동)
  - ▶ 한번 좋아지면 계속 운동하게 됨

제가 '꾸준히 완주하기' 프로젝트의 예시로 여러분과 아무 상관 없는 영어타자 연습, 인도네시아어, 한자 공부를 왜 해 보라고 할까요? 위 3가지는 잘만 하면 세상에서 정말 큰 도움이 되는 선배들

의 성공 비결이기 때문입니다. 정말로 남보다 조금만 잘 하면 기업에서 서로 데려가려고 할 보물 같은 콘텐츠이자 최고의 역량입니다. 실제로 사회에 나오면 영어 말하기뿐 아니라 영어 쓰기를 많이 하게 될 텐데, 그때 필요한 것이 바로 영어타자 실력이고요, 신흥국 중 가장 성장성이 큰 나라 중 하나인 인도네시아어를 공부하면 기업에 어필할 강력한 무기가 됩니다. 또, 한자를 많이 알고 있을수록 자연스레 국어 어휘력이 늘어나서 나중에 화술과 글쓰기에 큰 도움을 주기에 여러분께 꾸준히 해 보라고 권유하는 것입니다.

여러분이 2주만 '완주'해 보면 자신도 모르게 그 분야에 호기심과 친근함이 생겨 점점 심화과정으로 들어가게 됩니다. 그럼 여러분은 주위 친구들보다 인도네시아어, 한자, 영어타자 실력이 앞서

게 되어 전국 상위 30% 이상이 되는 것입니다. 시간을 10~20분만 투자하면 충분한데, 게임처럼 재미있는데, 하고 나면 어른들이 서로 데려가려 할 텐데 정말 안 할 건가요?

인도네시아어는 제가 해 봐서 아는데 정말 쉽고, 영어타자 연습은 그냥 게임입니다. 한자 역시 딱 5개만 하면 되는 아주 간단한 도전입니다. 그렇게 하다가 '자격증이나 한번 따볼까?' 하고 3급이나 4급을 획득하면 나도 모르게 '다음엔 2급에 도전해 볼까?' 싶어 한자를 계속 공부하게 됩니다. 그러다 한자 덕분에 글쓰기와 말하기 실력이 급성장해 있는 자신을 나중에 발견하게 될 것입니다.

완주를 하면 전체 흐름이 보인다

마지막으로 제가 '완주'를 강조하는 데는 또 다른 이유가 있습니다. 바로 완주를 하면 전체 그림이 보이기 때문입니다. 수학 문제집을 풀 때 초반에 막히는 경험이 누구나 있을 겁니다. 하지만 그럴 때 안 풀리고 모르겠어도 계속 앞으로 넘어가야 합니다. 그렇게 한 바퀴를 처음부터 끝까지 돌고 나면 전체 흐름이 보이고, 내가 어려워하는 부분이 어떤 것인지 보이게 됩니다. 신기하게도 한 바퀴를 돌고 나서 두 번째 바퀴를 돌고 나면 뭐든 쉬워 보이게 됩니다.

이 원리를 통해 요즘 저와 아내는 코딩 공부를 하고 있습니다. 정말 어렵습니다. 우리 둘 다 '힘들다~ 너무 어렵다~ 머리 뽀개질 것 같아~' 이런 말을 입에 달고 삽니다. 하지만 제가 말한 한 바퀴 돌기, 꾸준히 하기를 통해 전체 그림을 이해했더니 다시 처음부터 볼 때는 쉬워 보였습니다. 끝까지 완주하고 나면 처음에 막힌 부분이 나중에 전체적으로 이해가 되기 때문입니다. 그리고 한 바퀴를 돌게 되니 전체를 돌았다는 사실 하나만으로 자신감이 올라가 흥미가 뿜뿜 생기게 됩니다.

재미있는 사실이 있습니다. 이 신기한 진리인 '완주하면 중상위권이 됩니다'를 대부분의 사람들이 안 한다는 것입니다. '에이, 말도 안 돼' '설마~' '아, 귀찮아' 하며 하지 않기 때문입니다. 안 하면? 우리에게는 땡큐죠. 유후! 얼마나 좋은가요? 여러분의 경쟁자가 귀찮아서 안 한답니다. 완주를 하기만 하면 무조건 중상위권이 된다는데 여러분은 알고, 다른 사람은 안 한다고 합니다. 좋지요?

자, 이제 합시다. 마라톤을 뜁시다. 이제 누군가는 시작도 하기 전에 포기하거나 가다가 포기할 것이고, 여러분은 그냥 아무 생각 없이 자연도 보고, 음악도 듣고, 주위 간판도 보고, 잠깐 걷고, 음료수도 마시며 잠깐 쉬기도 하면서 완주를 했더니 "축하합니다! 상위 30% 안에 드셨습니다!" 하고 인정받게 됩니다. 이 마라톤의 통계를 꼭 기억하고, 여러분은 처음부터 끝까지 완주에만 집중하세요. 수만 년 인류 역사와 수천 년 대한민국 역사를 통틀어 '완주'만 하면 중상위권이 됨을 꼭 명심하기 바랍니다. 여러분은 이제 땡 잡았습니다!

- 딱 2주만 '완주하기 프로젝트'에 도전하면 그 분야에 호기심과 친근감이 생긴다.
- 한 바퀴를 돌면 전체를 돌았다는 사실 하나만으로 자신감이 생긴다.

MISSION 🎯
미루지 않고 오늘 이 책 무조건 다 읽기!

뭔가 다르게 그리고 크게 하면
상위권이 됩니다

자이언티, 크러쉬, 백예린, 장범준, 볼빨간 사춘기, 아이유, 비비

이 가수들의 공통점이 뭐라고 생각하나요? 저는 '음색'이라고 생각합니다. 길을 가다 갑자기 듣거나, 눈을 감고 들어도 누구인지 바로 알 수 있을 정도로 특이한 음색과 창법을 구사합니다. 남들과 구별되고 다른 매력, 누가 봐도 끌리는 매력이 있으면 사람의 기억에 남아 사랑받게 됩니다. 앞 장에서 '시작하고 완주하면 중위권, 중상위권이 됩니다'라고 했지만 그것만으로 끝일까요? 우리 모두 상위권이 되려고 다들

노력하는 것 아닌가요? 그래서 저는 상위권이 되려면 2가지, 즉 '남들과 다르게 하고 남들보다 크게 하라'고 강조합니다. 왜냐하면 여러분 선배들과 어른들이 이 방식으로 꿈을 이루었고, 돈을 쓸어 담고 있으며, 행복한 삶을 살고 있기 때문입니다.

다르게 한다는 것

❶ 나영석 PD: 기존의 실내 스튜디오 촬영을 야외로 바꿔 〈1박 2일〉과 〈신서유기〉 연출.

❷ 김태호 PD: 6인의 〈무한도전〉을 유재석 1인의 무한도전으로 바꿔 〈놀면 뭐하니?〉 기획.

❸ 유튜버 진용진: SBS 〈그것이 알고 싶다〉의 마이너 버전으로 '사람이라면 한 번쯤 의문을 가졌을 만한 상황'을 조사해서 사람들의 궁금증 해결.

　ex 유튜버 진용진 대표 콘텐츠

　　• 부자들도 요플레 뚜껑을 핥아먹을까?

　　• 무당에게 공포영화를 보여 주면 과연 놀랄까?

　　• 스님들도 모기를 잡으실까?

　　• 복싱선수는 쌀보리 게임을 정말 잘할까?

　　• 사우디아라비아 국민은 그 어려운 국기를 그릴 수 있을까?

다르게 하는 것은 완전 특이하고 실험정신이 가득하게 하라는 것이 아닙니다. 기존과는 약간 다르되 많은 사람이 공감할 소재와 느낌은 꼭 붙잡고 가라는 것입니다. 이른바 '대중성'입니다. 여행, 음식, 게임/놀이 콘텐츠를 유재석, 전현무처럼 대중성이 강한 연예인과 함께하면서 '차별화 요소'를 붙이는 것입니다. 실험정신이 강하면 창의적이기는 하지만 시청자들의 관심과 사랑을 받지 못하게 되어 말 그대로 실험에 그치게 되고 조기 종영될 수 있기 때문입니다.

크게 한다는 것

✓ 나영석 PD

• 강호동, 이수근 등 '최고의' 출연진과 함께 하기.
• 자본이 많은 '공중파 TV'를 중심으로 프로그램 기획하기.
• 국내가 아닌 '외국'으로 확장하여 〈신서유기〉 런칭하기.
• 타 방송과는 달리 작가, PD, 카메라 감독 등 '스태프'의 자연스러운 방송 참여 유도하기.

크게 하는 것은 최고라는 '수준'의 의미와 최대라는 '크기/양'을 모두 의미합니다. 사람은 기본적으로 원시시대 때부터 큰 것, 높은 것, 위대한 것을 동경하는 심리가 있습니다. 정치 하는 어른들이 다

소 무리해 보이지만 큰 공약을 내거는 것 역시 마찬가지이고, 연예인들이 큰 이슈를 만들려 하는 것 역시 마찬가지입니다. 영화와 드라마도 유명한 배우, 막대한 제작비, 블록버스터가 사랑받는 것이 같은 원리입니다. **크면 사랑받고, 크면 뭔가 끌리는 것입니다.**

여러분, 동물의 왕은 사자가 아닌 코끼리입니다. 속으면 안 됩니다. 크기가 깡패이고, 체급이 왕이기 때문에 실제로 아프리카에서 코끼리가 최고입니다. 정말로 코끼리가 가장 강하고, 그 뒤로 기린, 코뿔소, 하마 등이 있고 그 뒤가 사자입니다. 남들보다 크고, 남들과 다르면 왕이 되는 것입니다.

세상에서는 남들보다 크고, 남들과 뭔가 다르면 이길 자가 없습니다. 여러분은 그저 어떻게 하면 좀 있어 보이고, 멋져 보일지, 우와~ 소리를 듣게 될지만 고민하며 그것들로 여러분을 포장하면 됩니다. 그럼 상위권이 될 것입니다.

앤디 쌤의 KEY POINT

- 남들보다 크고, 남들과 뭔가 다르면 이길 자가 없다.
- 자신을 멋지게 포장하면 상위권이 될 수 있다.

MISSION 🎯
유튜브 진용진 채널 **찾아서 2개만 보기.**
그리고 내가 진용진에게 추천하고 싶은 콘텐츠를
댓글로 달아 보기

인맥 − 사람을 사귀어야
최상위권이 됩니다

앞에서 '시작하면 중위권, 완주하면 중상위권, 뭔가 다르게, 그리고 크게 하면 상위권이 된다'고 말했습니다. 이제 남은 최상위권의 비밀을 알려 주겠습니다. 바로 '사람'입니다. 인맥이 최상위권의 비밀입니다. 능력 있고, 높은 자리에 있고, 돈이 많은 사람을 많이 알고 있을수록 최상위권이 되는 것입니다. 그럼 여러분이 할 일은? 친구를 많이 사귀어야겠지요.

팔로워 5만 명, 이웃 3만 명, 구독자 30만 명, 거래처 1만 개 확보

여러분이 앞으로 직접 이런 인플루언서가 되거나, 이런 사람들과 친해지면 됩니다. 그러면 명문대를 나온 사람과 비슷한 삶의 결과물을 낼 수 있습니다. 정말입니다. 사람을 많이 확보하고 있다는 것

은 어마어마한 힘이기 때문입니다. 가령, 블랙핑크는 미국 팝가수 카디 비와 협업하여 대박을 이루어 냈고, BTS 역시 할시와 컬래버 레이션하여 빌보드 2위에 올랐습니다. 지코는 아이유, 유재석은 이효리, 비와 함께하며 대박을 이뤄 냈습니다.

출판사에서 저와 계약하려는 이유 역시 마찬가지입니다. 제가 전국의 학교라는 거래처를 확보하고, 학생이라는 수백만 명의 잠재 고객을 확보하고 있기 때문입니다. 그래서 마찬가지로 요즘 출판 업계는 수십만 구독자를 확보한 유튜버와 계약하려 노력하고 있습니다.

자, 현실에서 인맥이 중요한 사례를 더 살펴보겠습니다.

현실에서 인맥이 중요한 이유

- 정치인: 선거에 도움을 주거나, 캠프에서 봉사하면 지방의 좋은 보직을 얻게 됨
- 경영인: 어떤 상사와 친하느냐가 내 승진에 중요한 요소가 됨
- 예체능계: 내 스승/교수의 인맥이 합격, 취업 성패를 좌우함
- 창업자: '동문파워'를 통해 창업지원금 투자유치가 수월해짐
- 취업인: 소개나 추천 방식으로 입사하는 경우가 여전히 상당히 많음

'나 혼자 열심히 하면 세상이 나를 알아봐 줄 거야!'라고 생각하

지 말아야 합니다. 세상은 나도 능력이 있어야 하지만, 사람들의 도움도 반드시 필요한 곳이기 때문입니다. 또 공부를 못해도, 일을 잘 못하더라도 인맥만으로 어느 정도는 성공할 수 있으니, 꼭 좋은 사람, 영향력 있는 사람과 잘 어울리려 하기 바랍니다.

어른들이 자주 하는 '친구 따라 강남 간다'라는 말이 틀린 게 전혀 아닙니다. 그럼 여러분이 해야 할 일은 뭘까요? 딩동댕! 양질의 인맥을 만들어야 합니다. 엄마 아빠께 노는 것으로 보일 수 있지만, 여러분은 인맥을 쌓고 있다고 말하며 친구들과 신나게 어울리기 바랍니다. 그럼 이제 제대로 된 인맥을 쌓는 법을 알려 줘야겠지요? 아래 내용을 통해 정리해 보겠습니다.

❶ 유명인과 친해지기

- SNS 인플루언서 구독, 이웃, 팔로우, 댓글, 쪽지/DM 보내며 친해지기.

- 큰 조직, 큰 단체, 큰 모임 가입 및 참여하기.
- 유명인이 주최하는 강연, 모임에 적극적으로 참여하며 단톡 방/밴드/정기모임 참여하기.

❷ 유명해질 포텐셜(잠재성)이 충분한 사람과 미리 친해지기
- 카이스트 IP 영재기업인, 과학, 수학 캠프 참여하기.
- 같은 학교, 교회, 같은 동네 등에서 사적으로 만나기.
- 관심 분야 온라인 친구 사귀기.(블로그 이웃, 인스타 맞팔, 유튜 브 구독)
- 카톡 단톡방 친구 사귀기.(좋아하는 소재로 단톡방 직접 만들어 운영하기)

❸ 인성 바른 친구와 친해지기
- 봉사활동 센터 참여하기.
- 종교활동 하기.
- 도서관, 청소년 센터에서 활동하기.

저 역시 사람 간의 소개로 강연을 다니고, 책을 홍보하고, 컨설팅을 하고 있습니다. 또 고민이 있는 지인들, 도움이 필요한 지인들에게 제 사람들을 연결시켜 주기도 합니다. 그렇게 잘되는 사람들, 잘

될 만한 사람들끼리 서로 끌어 주면서 자기들끼리 계속 위로 올라가는 것입니다. 그것이 잘되는 사람이 계속 잘되는 비법입니다. 꼭 기억하기 바랍니다. 어른들은 '인맥' 많은 사람을 찾고 있습니다. 그러므로, 다양한 사람과 어울려 보며 나와 맞는 사람이 누구인지, 나의 인생에 도움이 될 사람이 누구인지 등을 경험하고 유명인, 관심 분야의 고수와 교류하며 그 사람의 영향력과 인맥을 내 것으로 활용하기 바랍니다. 여러분이 최상위권이 되는 데 사람이 치트키임을 기억해 주세요.

앤디 쌤의 KEY POINT

- 세상은 나도 능력이 있어야 하지만, 사람들의 도움도 반드시 필요하다.
- 인맥이 성공의 치트키이니, 영향력 있는 사람과 친하게 지내자.

MISSION 🎯
'유재석과 만나 인생이 바뀐 연예인' 하면 떠오르는 사람 찾아보기

고생하고 버티면
찐능력이 생깁니다

"와, 진짜 죽는 줄 알았어요."

"그때 저 정말 열심히 했어요. 코피 나는 건 당연하고, 잠을 못 자서 너무 힘들었어요."

"힘들어 죽겠어요. 잠 좀 자고 싶어요."

이런 말 종종 들어 봤지요? 세상에 힘든 일 좋아하는 사람이 누가 있을까요? 고생하는 것을 좋아한다는 사람이 얼마나 될까요? 아마 대부분의 사람들은 고생하라고 하면 손사래부터 치며 정색할 것입니다. 하지만, 저는 여러분께 미안하지만 고생을 꼭 하라고 말하겠습니다. 희한하게도 성공한 사람들 입에서 나오는 가장 많은 인터뷰 키워드가 바로 '고생'이기 때문입니다.

가장 좋은 성장 영양제는
'쌩고생' 하기

저 역시 현장에서 가장 좋은 성장 영양제가 있다고 말할 때 다음 2가지를 이야기합니다. 첫째는 '쌩고생'하기이고, 둘째는 '칭찬받기'입니다. 그중에서 저는 쌩고생을 가장 추천하는데요, 몸을 움직여서 고생을 시작하자마자 10분도 지나지 않아 바로 '파파팍' 새로운 생각이 형성되기 때문입니다. '아, 다시는 이런 일 안 해야지.' '아, 지겨워.' '아 힘들어.' '이런 일 하는 분들은 몸이 정말 고생이지만 일당이 이렇게 쎄니 할 만하겠구나!'처럼 말이죠. 고생을 하면 몸과 뇌가 바로 반응합니다. 마치 게임을 하면 바로 아이템을 얻듯이 말이죠.

잘 알겠지만 게임에는 능력치라는 게 있습니다. 모두 똑같이 레벨 1에서 시작하여 미션을 완수하면 레벨이 점점 올라가 능력치를 얻게 됩니다. 포켓몬스터의 피카츄 역시 고생을 하고, 전투를 하고, 그렇게 역량이 쌓여서 라이츄가 되는 것입니다. 파이리도 죽을 뻔한 고생을 하고 전투를 치러야 리자몽이 됩니다. 우리 삶도 이 게임과 비슷하게 흘러갑니다. 흔히 말하는 개고생, 죽을 만큼 힘든 경험,

자기 한계에 부딪힌 경험, 몇 날 며칠 밤을 새운 경험이 있으면 그 사람은 레벨이 올라가는 것입니다.

자기 한계에 부딪히는 경험을 시도한 학생들

- 중1 때 밤늦게까지 공부해서 시험을 본 학생
- 중2 때 교내 5km 마라톤대회에서 완주한 학생
- 초3 때 수학경시대회 참여, 비록 실패했으나 해마다 시도하는 학생
- 카이스트 IP 영재기업인 캠프, 포스텍 영재 캠프에서 밤새워 조별 프로젝트를 완수한 학생
- 공모전을 위해 수백 개의 캐치프레이지를 연습하여 1개를 제출한 학생
- 학교 축제에 발표할 댄스와 노래를 제대로 해낸 학생
- 연애하며 울고불고 매달리고 가슴 아프지만 결국 헤어진 학생
- 추운 겨울 캠핑을 가서 혼자 텐트를 설치한 학생
- 신라면을 가지고 각기 다른 100개의 레시피로 끓여 본 학생
- 매일 어제보다 2초씩만 더 철봉에 매달려 있어 본 학생

힘들고 어려운 과정 후에
찾아오는 것들

간혹 여러분 선배들에게 이런 상담을 받습니다. "쌤, 진짜 일하다

죽을 것 같아요." "회사 때려치는 게 맞지 않나 싶어요." "그만두고 싶은데 돈 때문에 다녀요. 흑흑." 이들에게 분명 위로를 해 주고 싶습니다. 힘들다는데 차가운 기계처럼 '이겨 내! 그거 해내야 너 성장할 수 있어!'라고 말하는 것은 역효과가 나기 때문입니다.

하지만 따뜻한 위로 다음엔 꼭 정확한 사실을 전달하고 싶습니다. '힘들지? 어렵지? 지겹지? 고생이다. 너무 힘들겠다. 그런데 미안하지만 그거 조금만 버텨 보고 이겨 내자. 지금 힘들지만 어느 순간이 되면 그 힘듦이 힘들지 않은 순간이 올 거야. 그걸 몇 번 꼭 겪어야 해. 그래야 나중에는 그것이 쉬워 보이는 레벨까지 올라가게 되고, 그러면 그 힘든 일은 통과의례일 뿐 더 이상 안 해도 돼. 그냥 성장하기 위한 최종 과정이라 생각하고 이겨 내 보자. 힘들고 어려운 이 과정을 버텨야 자유시간, 자동차, 집, 통장 잔고, 휴가 등 네가 원하는 것을 다 얻게 돼.

〈정글의 법칙〉에서 김병만 씨가 왜 쌩고생을 하는지 아니? 고생한 만큼 보상을 받기 때문이지. 한 시즌에 출연료가 몇 억이래.

세상은 고생하는 사람이 다 차지하는 The winner takes it all이니까. 조금만 힘내 보자! 파이팅!'

여러분이 공부나 일을 할 때 분명 버티기 어려운 일, 사람을 만날 것입니다. 그때 처음부터 회피하지 말고 꼭 이겨 내려 노력하기 바랍니다. '성장'이 있는 고생은 역사적으로 모든 선배들을 '성공'으로 이끌었고, 스스로 이겨 낸 성장통 때문에 키가 쑥쑥, 역량이 길쭉길쭉 커지는 것입니다. 약은 쓰고 아파야 약효가 좋다는 말이 있습니다. 운동도 힘들어야 근육이 찢어지면서 유연해집니다. 공부는 원래 지겨운 일입니다. 이 하기 싫은 걸 이겨 내야 성적이 올라갑니다. 힘들겠지만 고생이라는 약을 먹고 쑥쑥 성장하기 바랍니다. 그럼 나중에 고생이라는 약은 더 이상 안 먹어도 됩니다!

앤디 쌤의 KEY POINT
• 세상은 고생하는 사람이 다 차지하게 되어 있다.
• 힘들지만 고생이라는 약을 먹으면 쑥쑥 성장한다.

MISSION ◎
김병만 출연료 검색해 보기

혹시나 성공하지 못해도
아무 문제 없다는 사실을 미리 알기를

세상이 노력한 만큼 비례해서 결과가 나온다고 생각하나요? 아니
죠? 세상은 희한하게도 노력한 것의 1/10, 1/20 정도 얻어 가도록
설계되어 있는 것 같습니다. 아마 '최선'을 다해야 함을 가르쳐 주
기 위해 신이 성공의 열매를 희박하게 주지 않나 싶습니다. 이렇듯
최선을 다했는데도 성공하기가 쉽지 않을 때가 많은데요, 바로 '운'
이라는 요소 때문입니다. 정말로 세상은 이 '운' 외에는 설명할 방
법이 없는 일이 많습니다.

'운'이 좋은 사람들

- 친구 따라 오디션에 갔는데 친구는 떨어지고, 자신은 붙은 A
- 축구에서 슈팅을 했는데 수비수 발 맞고 굴절되어 골을 넣은 B
- 헷갈리는 문제 2개의 답을 찍었는데 둘 다 맞아서 원하는 시험에 합

격한 C

- 최종면접에 올라갔지만 탈락, 몇 주 후 합격자가 입사하지 않아 2차에 최종 합격한 D
- 우연히 봉사활동에서 만나 첫눈에 반해 결혼까지 골인한 E

우리는 이 사람들을 '운' 좋은 사람들이라 부릅니다. 이 책을 읽는 여러분도 '운'이라는 것을 부정하지 못할 것입니다. 그래서 여러분이 꼭 알아야 할 것이 있습니다. 만일 여러분이 최선을 다했다면 혹시 결과가 '성공'이 아니어도 실망하지 말라는 것입니다. 다른 어떤 말보다 중요한 말입니다. 결과는 안 좋았지만, 과정이 좋았다면 지금이 아닌 언젠가 내게 성공이 찾아오게 되어 있으니 자책하지 말라는 것입니다. 이 악물고 최선을 다하고, 꾸준히만 하면 언젠가 분명 큰 성공, 큰 기회, 작은 성공, 작은 기회가 '운'이라는 친구와 함께 오게 되어 있습니다.

그럼 우리 인생은 '운빨'이니까 노력할 필요가 없을까요? 아닙니다. 인생의 물줄기가 콸콸 트이려면 누군가의 말대로 운은 노력, 기회와 만나야 합니다. 그래서 저는 '이번엔 운이 안 좋았을 뿐이니 다음 기회가 올 때까지 해야 할 일을 묵묵히 하자'고 권합니다. 꾸준히 하다 보면 또 운과 기회가 만나서 여러분에게 '성공'이라는 선물을 줄 것이기 때문입니다.

성공하지 못해도 괜찮은 이유

성공하지 못해도 괜찮다고 말하는 데는 다른 이유도 있습니다. 우리가 좇는 그 성공의 대상들이 우리가 죽을 때쯤에는 별로 중요치 않은 것들이 많기 때문입니다. 일본에서 1,000명의 죽음을 지켜본 호스피스(죽음이 가까운 환자를 입원시키는 시설) 종사자가 《죽을 때 후회하는 스물다섯 가지》라는 책을 냈습니다. 그 책에는 '내 가족과 주위 사람들에게 잘해 주지 못한 것, 나 스스로를 위해 뭔가를 하지 않은 것, 사랑 고백하지 않은 것, 겸손하지 못한 것, 친절하지 못한 것, 꿈을 위해 살지 못한 것, 감정에 휘둘린 것, 만나고 싶은 사람을 안 만난 것, 죽도록 일만 한 것' 등이 죽음을 앞둔 사람들의 대표적인 후회라고 나옵니다. 그들의 후회 리스트에는 우리가 공통적으로 애쓰는 '학벌, 승진, 대박' 이런 것이 없었습니다.

그러고 보니 30대인 제 인생을 차분히 돌아보니 제가 10대 시절에 이 악물고 이루려 했던 것들이 지금 없음에도 저는 지금 괜찮은 수입, 자유로운 시간, 제 마음대로 결정할 수 있는 권한 등을 가지고 있습니다. 돌이켜 보면 제가 성취하려 했던 것들은 가지고 있으면 좋은 것들, 유리한 것들이지 무조건 있어야 하는 '필수적인 것'은 아니었습니다.

그래서 여러분이 10대, 20대 때 이 악물고 성취하려는 것을 혹시나 이루지 못했어도 괜찮다는 것입니다. 그렇다고 혹시나 이렇게 생각하면 안 됩니다. '앤디 쌤이 성공 안 해도 된다고 했어요. 어차피 다 무의미하다 그랬어요. 성공 못 해도 아무 상관 없으니 열심히 안 해도 된대요. 쉬엄쉬엄 하라고 했어요.' 이런 뜻은 절대 아닙니다. 그저 최선을 다하는 과정이 있었다면, 혹시나 결과가 좋지 않더라도 괜찮고, 비록 원하는 것을 못 가졌어도 과정이 좋았다면 그것이 '나의 역량'으로 이미 흡수되었기에 성취한 것과 다름없다는 의미입니다. 이해되지요?

여러분은 그저 최선을 다하기만 하면 됩니다. 그럼 원하는 결과를 얻지 못해도 아쉬움이 있을 뿐 후회는 없게 됩니다. 혹시나 원하는 결과를 못 얻었어도 최선을 다했으면 여러분은 그 '한 끝 차이'로 될 것 같은데 안 된 아쉬움 때문에 또 도전하게 되고 자신의 한계를 넘어서게 되어 있습니다. 토닥토닥. 최선만 다하세요!

• 꾸준히 하다 보면 그 노력은 '성공'이라는 선물을 가져다 준다.

• 최선을 다했다면 원하는 결과를 얻지 못해도 아쉬움이
  있을 뿐 후회는 없다.

MISSION

이번 챕터는 할 일이 없습니다!

#공부와 꿈 #성장과 성공 #돈 #사람 #세상 #행복

돈에 대하여
알게 된 것들

Wish I Had Known
Before Graduation

일찍부터 돈에
관심을 갖기를

여러분, 돈 좋아하나요? 저는 돈을 좋아합니다. 돈을 가지고 있으니 누군가에게 아쉬운 소리 할 필요 없고, 병원비 걱정도 없고, 먹고 싶은 것 마음껏 먹을 수도 있고, 사랑하는 아내와 아이를 위해서 마음껏 돈을 쓸 수 있기 때문입니다. 또 일정 부분 도움이 필요한 사람들에게 후원과 기부를 할 수도 있고, 회사 직원을 고용해 경제 활성화에 기여할 수도 있습니다.

저에게 돈은 없어서는 안 될 친구이고, 우리 가족을 먹고살게 해 주는 고마운 도구입니다. 그래서 저는 돈과 친해지려 노

력하고, 어떻게 하면 돈이라는 친구를 더 많이 사귈지 매일 연구합니다.

현장에서 저는 10대 때부터 청소년들이 돈에 큰 관심을 가지면 좋겠다고 말합니다. 돈은 신기하게도 자기를 좋아하는 사람에게 애인마냥 따라와 붙는 성질이 있기 때문입니다. 짝사랑이 절대 아닙니다. 여러분이 돈에 관심을 가지면, 돈도 여러분에게 관심을 가집니다. 그러므로 10대 시절부터 돈과 친해지려, 사랑하려 해 보기 바랍니다. 그래야 여러분이 나중에 돈 걱정 없이 여러분의 꿈을 마음껏 펼칠 수 있게 되고, 무슨 일이 생겼을 때 든든한 '빽'이 되어 주기 때문입니다. 진심입니다.

돈이 있으면
할 수 있는 일이 많아집니다

여러분, 다시 강조합니다. 공부만큼 돈에 관심을 갖기 바랍니다. 오히려 공부보다 돈에 더 관심을 갖기 바랍니다. 특히 스스로 공부가 애매하다 싶으면 아예 돈에만 깊은 관심을 가져 보길 바랍니다. 꼭입니다.

꼰대 같은 어른들, 이미 가진 사람들은 이런 말을 싫어하기도 합니다. 하지만 저는 진심으로 여러분이 돈 때문에 슬플 일이 없기를 바라며 계속해서 강조합니다. 돈을 가지면 학벌은 부족해도 자존감이 높아지고, 사회를 위해 좋은 일을 할 수도 있고, 힘들게 고생하는 여러분의 부모님을 편히 쉬게 할 수 있기 때문입니다.

결국 여러분도 졸업을 하면 부모님처럼 돈을 벌어야 합니다. 고등학교를 졸업하고 버느냐, 대학교를 졸업하고 버느냐 하는 차이일 뿐 결국 여러분은 적게는 200만 원, 많게는 수천만 원의 월급을 벌어야 합니다. 이때 월급은 학벌, 대학교 성적과 전공, 10대와 20대 시절에 배운 일머리, 돈머리, 장사머리, 사업머리 등에 의해 차이가 나게 됩니다. 물론 공부를 잘하면 돈을 벌기에 유리한 것은 사실입니다. 하지만 오히려 공부를 못해도 돈을 잘 버는 사람도 상당히 많음을 꼭 알고 희망을 갖기 바랍니다.

돈을 잘 버는 사람들

- 흙수저였지만 월급을 모아 종잣돈을 마련한 뒤 투자(부동산, 미국주식)로 5년 만에 25억 원을 번 회사원 A
- 공부는 못했지만 10대부터 장사 소질을 발견하여 자영업 프랜차이즈를 창업한 청년 갑부 B
- 공부를 잘해서 명문 대학에 들어간 후, 친구들과 창업을 하여 대박이 난 청년 CEO D(기업가치 200억 원)
- 마이스터고에 진학하여 기술을 배운 후 자신만의 회사를 창업한 선배 E

• 어릴 때부터 배워온 코딩을 활용하여 친구들과 IT 회사를 창업한 선
   배 F(기업가치 100억 원)

여러분도 돈을 벌 수 있습니다. 부자가 될 수 있습니다. 가령, 영
어를 잘하고 싶으면 하루 종일 영어로만 말하려 하고, 미국 드라마
를 보고, 영어식 사고를 해야 하듯이, 마찬가지로 부자가 되고 싶다
면 하루 종일 돈 생각만 하고, 돈 잘 버는 사람을 따라 하면 됩니다.
'어떻게 하면 30억을 벌까? 이 사람은 어떻게 하기에 월 4천만 원
매출을 만들었지?' 이렇게 말이지요. 여러분은 그저 계속 돈에 대

하여 관심만 갖기 바랍니다. 그럼 어느 순간 돈이 나에게 관심을 주게 됩니다. "어? 너 나 보이니? 나 좀 가져가. 나 부동산에 붙어 있어. 나 주식에 붙어 있어. 나 창업하면 가져갈 수 있어. 나 네 거야" 하고 말을 할 것입니다.

"그래! 나는 애매하게 공부 말고 돈이나 실컷 벌어 보겠어!"
"그래! 돈 많이 버는 사람들은 대부분 공부를 잘했으니 돈 벌기 위해서라도 이 악물고 공부하겠어!"
"그다음에 학교에서 배운 것으로 친구들과 함께 창업해서 부자가 되겠어!"
"아오! 치사해서 돈 많이 벌고 만다! 어떻게든 내가 100억 부자 될 거다!"

오늘부터 돈에 관심을 가져 보세요. 공부는 재미없을지언정, 돈 버는 것은 재미있음을 알게 될 것입니다. 끝으로 여러분의 삶의 목표 중 한 가지를 월급으로 잡아 보기 바랍니다. 한 달에 얼마를 벌면 만족할지, 얼마짜리 집이 있으면 될지 말이지요. 월 300만 원? 500만 원? 1천만 원? 1억 원? 목표는 크게 가질수록 좋습니다! 파이팅!

- 공부만큼, 오히려 공부보다 돈에 더 관심을 가져야 한다.
- 공부를 잘하면 돈을 벌기에 유리한 것은 사실이지만, 공부를 못해도 돈을 잘 버는 사람도 상당히 많다.

MISSION

취업 후에 벌고 싶은 희망 월급은 얼마인지

현실 기반으로 적어 보기

혼자 힘으로
돈을 벌어보기를

돈과 친해지면 좋은 게 뭔지 아나요? 돈이 다른 친구를 소개해 준다는 것입니다. 바로 '현실감각'이라는 친구와도 친해지는 것입니다. 잘 알겠지만 학교 공부는 먼 미래의 '보상'을 위해 참고 인내하는 과정입니다. 하지만 돈을 버는 과정은 바로바로 내게 보여집니다. 마치 게임을 하면 바로 아이템을 얻는 것과 같은 원리입니다.

가게에서 알바를 하고, 직접 셀러가 되어서 뭔가를 팔아 보면 바로바로 돈을 벌게 됩니다. '아, 이렇게 하면 더 팔리는구나! 이렇게 말하니 상대방이 좋아하는구나! 다음에는 이렇게 돈을 벌어봐야겠다!' '뭐 저런 사람이 다 있어? 왜 이렇게 불친절해? 아이고 진짜 손님이 갑질하는구나. 난 저렇게는 안 살아야지.' 이렇게 현실적인 생각에 눈이 확 뜨이는 것입니다.

여러분, 현실은 가상이 아닌 진짜입니다. 현실은 이상향을 실현하는 공간도 아닙니다. 그러니 현실을 진짜로 느껴야 합니다. 현실을 현실답게 인식하기 바랍니다.

돈을 벌어 보면 더 벌고 싶어진다

재미있는 것은 여러분이 한번 돈을 벌어 보면 돈을 더 벌고 싶어진다는 것입니다. 가령 물건의 원가를 낮추기 위해 인터넷을 검색하거나, 어떻게 하면 더 팔리게 할지 스스로 알아서 마케팅을 고민하게 됩니다. 또 마케팅을 어떻게 하면 좋을지 가르쳐 주지 않아도

스스로 고민하게 됩니다.

"이거 저기에서 사면 더 저렴할 것 같은데? 아니다. 차라리 중국에
서 수입해 올까? 아! 알리바바!"
"이렇게 하니까 더 잘 팔리는 거 같아. 다음에는 이렇게 말을 해
보자!"
"단어를 이런 거 쓰니까 완전 다르게 반응하네? 말을 어떻게 하느
냐가 매출에 영향을 미치는구나!"

제가 왜 여러분에게 돈을 일찍부터 벌어 보라고 한다고요? 현실
감각 때문입니다. 돈에 관심을 가지면 돈을 벌고 있는 어른들 세계
에 관심이 생기고, 돈을 버는 회사에 관심이 생깁니다. 또 돈을 벌
기 위해 창업한 창업인들이 눈에 보입니다. 그렇게 어른, 회사, 사회
를 어른의 시선으로 보게 되고 현실을 기반으로 모든 것을 바라보
게 됩니다. '아! 돈이 생각보다 중요하고, 돈이 세상에 끼치는 영향
이 크구나!' '어른들은 이렇게 살아가고, 내가 나중에 취업/창업을
하게 되면 이렇게 살아가겠구나!' 하는 것을 느끼게 됩니다. 그러니
여러분 속지 말기 바랍니다. 돈은 많으면 많을수록 좋은 것이고, 돈
을 추구하는 것은 나쁜 게 아닙니다. 더 어른스러워지는 것이고, 훌
륭한 진로 탐색의 도구이고, 행복해지기 위한 과정입니다. 그런 면

에서 여러분이 아래의 방법으로 꼭 어린 나이에 직접 돈을 벌어 보기를 권유합니다.

돈을 벌기 위해 시도해 볼 만한 방법들

- 학교 축제나 동네 플리마켓 셀러: 옷, 음식, 안 쓰는 물품 판매
- 중고물품 직접 팔아 보기: 당근마켓, 중고나라, 번개장터
- 스스로의 무형적 가치 팔아 보기: 입시 노하우, 진로 노하우, 면접 노하우, 수상 노하우, 컨설팅
- 스마트스토어, 그립, 지마켓 등에서 물건 팔아보기: 동대문, 도매꾹 물건 사 와서 팔기
- 부모님과 재테크 현장 따라다니기: 주식, 부동산, 경매 현장 따라가기
- 부모님, 친척, 친구네 가게 매상 올려주기 프로젝트: 〈백종원의 골목식당〉 청소년 버전
- 친척 사업체 마케팅 돕기
- SNS, 유튜브 열심히 해서 광고 수입, 포스팅 수입 얻기: 유튜브 채널, 블로그, 인스타그램
- 공모전 도전해서 상금 타기: 표어, 디자인, 각종 경진대회

아! 이 말을 빼먹었네요. 돈을 벌었다면, 그 돈을 또 의미 있게 써 보기 바랍니다. 다음의 3가지 방법을 추천합니다.

돈을 의미 있게 쓰는 방법

첫째, 어려운 사람을 위해 기부를 해 보기 바랍니다. 선천적인 질병으로 숨을 편히 쉴 수 없는 갓난아기, 거동이 불편한 할아버지 할머니, 경제적 도움이 필요한 미혼모 등 우리 주위에는 도움이 필요한 사람이 많이 있습니다. 누군가를 위해 마음과 돈을 기부해 보면 어릴 때부터 돈으로 사회에 도움을 줄 수 있음을 알게 되고, 여러분 덕분에 한 생명이 잘 살아갈 수 있음을 경험하면 더 열심히 돈을 벌게 될 것입니다.

둘째, 여러분 주위 친구들에게 의미 있게 써 보기 바랍니다. 여러분이 좋아서 친구들이 함께 하겠지만, 여러분의 돈이 좋아서 여러분에게 붙는 친구들의 모습을 볼 수도 있습니다. 강력한 돈의 힘을 직접 느껴 보기 바랍니다. 나쁜 것이 아닙니다. 나보다 뭔가를 더 가진 사람에게 끌리는 것은 당연합니다. 외모, 돈, 성적, 경청 능력, 유머 등의 힘을 직접 느껴 보라는 것입니다.

셋째, 내가 갖고 싶어 하는 물건을 직접 사 보기 바랍니다. 비싼 물건도 상관없습니다. 가격을 비교해 보고, 살지 말지 심사숙고해 보기 바랍니다. 그렇게 쇼핑하고 소비했을 때의 쾌감을 느껴 보기 바랍니다. 과소비? 절대 아닙니다. 여러분의 소비로 경제가 돌아가는 것입니다. 그런데 아마 돈을 벌었다면 분명 남기게 될 것입니다.

여러분이 힘들게 번 돈이라서 한 번에 다 쓰지 못할 것입니다. 그래서 자연스레 저축을 하게 되고, 합리적인 소비를 배우게 되는 것입니다.

여러분, 분명히 인식하기 바랍니다. 여러분 선배들은 인생 대부분을 돈을 벌기 위해 자신의 시간, 노력, 스트레스를 돈과 교환하고 있습니다. 앞으로 여러분도 그러할 것입니다. 그러므로 이왕이면 일찍 돈을 벌기 시작해서 돈에 대한 감각을 키우고, 돈 버는 방법을 연습해서 더 큰 돈을 벌기 바랍니다. 돈도 벌어 본 사람이 벌고, 모아 본 사람이 잘 모으는 법이기 때문입니다. 잘 모으는 법, 잘 쓰는 법, 잘 버는 법, 추가로 더 만드는 법을 10대 때부터 제대로 익혀서 꼭 돈 걱정 없이 살기 바랍니다.

앤디 쌤의 KEY POINT
- 돈을 추구하는 것은 행복해지기 위한 과정이다.
- 돈을 버는 것도 중요하지만 의미 있게 써야 한다.
- 돈도 벌어 본 사람이 벌고, 모아 본 사람이 잘 모은다.

MISSION 🎯
유튜브에서 〈무릎팍도사 주병진 2편〉 찾아보기

'어귀하'를 하면
돈이 자석처럼 붙습니다

여러분이 돈을 많이 벌면 뭐가 좋을까요? 바로, 일하기 싫으면 안 해도 되고, 어려운 일 있으면 다른 사람에게 부탁할 수 있다는 것입니다. 또 귀찮은 일을 해야 할 때 업체에 대행을 맡기면 된다는 것입니다. 자, 그럼 여러분이 돈을 벌 방법이 보이지요? 바로 '남이 어려워하고, 귀찮아하고, 하기 싫어하는 일(이하 어귀하)을 대신 해 주면 부자가 되는 것입니다.

어귀하

- **어**려운 일 예시
  - ▸ 외국어 번역 : 네이버 파파고, 플리토
  - ▸ 법률 상담 : 로톡
  - ▸ 디자인 : 망고보드

- 귀찮은 일 예시
  - 클릭 한 번으로 중고물품 거래: 당근마켓
  - 먹고 싶은 음식을 편하게 주문: 배달의민족, 요기요
  - 유튜브 자막 자동 생성: 브루

- 하기 싫은 일 예시
  - 학교의 알림장 복사, 배포: NHN 아이엠스쿨
  - 부동산 찾아다니기: 직방, 다방
  - 전문가 소개/매칭: 크몽, 오투잡

　제가 현장에서 청소년 창업 동아리, 대학생 창업가들을 만날 때마다 위 3가지 포인트를 강조하는 이유는 다들 자신이 좋아하는 것, 뭔가 있어 보이는 것으로 창업하려 하기 때문입니다. 물론, 여러분이 좋아하는 것을 다른 사람들이 좋아해 주고 공감해 주면 좋지만 그렇지 않은 경우가 대부분입니다. "쌤 뭐라고요? 다른 어른들은 내가 좋아하는 것을 해 보라고 했는데요?" 아닙니다. 다음 챕터에서 설명하겠지만 늘 다른 사람이 좋아하는 것, 다른 사람이 원하는 것을 해결하려 하면 사랑받고 지갑이 열리는 법입니다. 늘 상대방의 입장, 상대방의 니즈(욕구)를 건드려야 사랑받고 돈이 벌립니다. 선영 씨의 사례를 보겠습니다.

인기 어플이 알려 주는 사실

선영 씨 역시 수년 전 대학입시를 앞두고 전공에 대한 고민이 깊었습니다. 내가 좋아하는 것을 하자니 미래가 불투명하고, 미래에 유망할 것을 하자니 내가 좋아하는 것을 하지 못해 아쉬웠습니다. 결론적으로 선영 씨는 가고 싶어 하던 일본어학과가 아니라, 당시 4차산업이 이슈였던 점을 고려해 경영학과를 선택했습니다. 그리고 경영학을 배우는 동시에 컴퓨터공학을 복수전공하며 '어귀하'에 맞춘 스마트폰 어플을 만들었습니다.

그 어플은 일본여행을 가려는 사람을 위한 어플리케이션으로 일본으로 여행을 다녀온 사람들이 여행루트, 맛집, 교통편 등을 쉽게

알려 주는 프로그램입니다. 사람들이 일일이 여행 준비를 하는 시간을 줄여 주고, 현지 맛집 같은 꿀 정보를 제공해 주며, 사람들의 귀찮음을 해결해 준 것입니다. 선영 씨는 자신이 좋아하는 일본어를 기반으로 학교에서 배운 경영, 코딩을 결합하여 훌륭한 어플리케이션을 만든 것입니다. 결국 그 프로그램은 비싼 금액에 모 스타트업에 판매되었습니다.

지금 잠시 책읽기를 멈추고 여러분의 스마트폰을 들여다보세요. 그리고 플레이스토어, 앱스토어에 들어가 보세요. 인기 어플 차트를 100개만 둘러보기 바랍니다. 그럼 대부분의 회사가 이 '어귀하'에 맞춰져 있음을 알게 될 것입니다. 넷플릭스를 통해 귀찮게 영화관에 갈 필요가 없어졌고, 마켓컬리가 무거운 장바구니를 힘들게 들지 않도록 새벽에 배송해 주고 있습니다. 또 시중 은행들도 힘들게 창구까지 나오지 않도록 고객의 핸드폰 안으로 입점하겠다며 어플을 만들었습니다. 그 밖에 손으로 쓰던 가계부를 알아서 처리해 주는 뱅크샐러드, 핸드폰 세대에 맞는 전자책 회사, 영어 공부, 운동 어플 등은 모두 '어귀하'에 맞춰 창업한 것입니다.

그러므로 여러분은 10대 때부터 이 어렵고, 귀찮고, 하기 싫어하는 일을 대신 해 주겠다는 마인드를 갖고 이를 대입, 취업, 창업에 적용해야 합니다. 가령, 대입을 준비 중이라면 자기소개서와 면접에서 '저의 목표와 비전은 사람들의 어귀하를 해결해 주는 인재가 되는 것입니다. 그래서 우리 대학에 들어와서 이런 것을 배우려 하고 우리 학교를 졸업해서 빛내고 싶습니다' 하고 자신을 포장해야 합니다. 또, 창업 발표회에서도 '저 돈 벌려고 창업했는데요?' 하는 사람보다 '저는 세상의 불편함을 해결하기 위해 우리 회사를 창업했습니다'라고 말하는 사람이 투자자들의 마음을 얻을 수 있음을 미리 알아야 합니다. 세상은 사회와 인류를 위해 기여할 사람을 좋아하기 때문에 세상의 문제 해결에 관심 많은 사람을 '인재'라 칭하며 서로 데려가려 하기 때문입니다.

4차산업 시대에 살아남으려면?

하나만 물어보겠습니다. 클라우드, 인공지능, 자율주행 등 4차산업은 쉽게 말해 '융합 산업'인데요, 여러분이 볼 때 이 4차산업은 쉬워 보이나요? 어려워 보이나요? 네, 어렵습니다. 그것도 엄청 어렵습니다. 그런데 앞으로 이 어려운 4차산업이 세상의 중심이 된다고 합니다. 이 말은, 여러분이 어려운 것을 해야 4차산업 시대에 취직이 되고, 그로 인해 먹고살 수 있게 된다는 뜻입니다. 제가 괜히 여러분께 남들이 어려워하는 것, 귀찮아하는 것, 하기 싫어하는 것을 하라는 게 아닙니다. 어차피 어려운 것을 해야 하는 시대에 들어섰다면 싫든 좋든 남보다 먼저 '어귀하'에 맞는 준비를 하면 세상에서 앞서 나가지 않을까요? 정말로 앞으로는 쉽고 단순반복적인 일, 누구나 하는 일은 로봇과 인공지능에 대체될 것이고, 어려운 일과 창의적인 일만 똑똑한 사람 일부가 차지할 것입니다.

꼭, '어귀하'를 기억하여 학교와 가정에서 친구들, 가족들과 다양한 도전을 해 보기 바랍니다. 지금 이 시간에도 여러분의 선배, 다른 친구들이 이 어귀하를 이용하여 회사를 창업하여 수십억 부자가 되고 있고, 포트폴리오를 만들어 취업과 대입에 유용하게 활용하고 있음을 제대로 인식하기 바랍니다.

4차산업 = 어려운 것
4차산업 시대 = 어려운 것을 해야 하는 시대, 쉬운 것은 기계가 대신하는 시대

- 남이 어려워하고, 귀찮아하고, 하기 싫어하는 일(어귀하)을 대신 해 주면 부자가 된다.
- 4차산업 시대에는 싫든 좋든 남보다 먼저 '어귀하'에 맞는 준비를 해야 앞서 나갈 수 있다.

MISSION

플레이스토어, 앱스토어에서 최근 다운로드 많이 한

Top 5 어플 **찾아보기**

돈을 버는 것과
돈을 만드는 것은 다릅니다

우리가 알고 있는 '돈을 벌다'는 영어로 하면 'make money'입니다. 직역하면 말 그대로 '돈을 만들다'가 됩니다. 그렇습니다. 사실 돈은 버는 것이 아니라 만드는 것입니다. 이미 부자들은 오래전부터 이 개념을 제대로 인식하여 돈을 크게 만들어 내고 있습니다.

돈을 만들어 내는 여러 가지 방식

- 회사에서 월급 380만 원을 받는 A
- 회사에서 월급 320만 원 + 디자인 외주 투잡으로 80만 원을 버는 B
- 회사에서 월급 350만 원 + 부동산 투자로 7억 원의 시세차익을 올린 C
- 회사에서 월급 500만 원 + 편의점 프랜차이즈 2개를 운영하여 매월 400만 원을 버는 D

- 회사에서 월급 200만 원(프리랜서) + 전자책 인세 + 네이버카페 운영으로 광고비를 받는 E
- 3년간 1억 원을 모아 주식 투자로 5년간 25억 원을 번 F
- 금광에서 금을 캐지 않고, 금을 캐는 사람에게 곡괭이와 청바지를 판 G
- 비트코인을 직접 채굴하지 않고, 비트코인을 채굴하는 장비를 판 H
- 유튜브를 직접 하지 않고 컨설팅과 장비를 판 I
- 자신의 대입 노하우, 국제고와 특성화고 노하우를 전자책으로 출간해 판매한 J

이 중에서 돈을 버는 사람은 누구고, 돈을 만드는 사람은 누굴까요? A를 제외한 모든 사람이 돈을 만드는 사람들입니다. 확실히 이해가 되지요? 돈을 만든다는 것은 추가로 약간의 돈을 버는 정도의 수준이 아니라 월급에 가까운 돈을 버는 것을 의미하고, 돈이 돈을 벌게 하고, 재테크 투자로 돈이 돈을 복사하는 것을 말합니다. 또, 시스템으로 사람을 관리하고 시스템으로 사업장이 운영되는 것을 말합니다. 실제로 '만들다'의 사전적 의미는 '노력이나 기술 따위를 들여 사물을 만들거나 새로운 상태를 이루어 내는 것'인데, 부자들은 이 정의에 맞게 오랜 시간 동안 노력, 기술을 통해 원하는 돈을 만들어 내고 있습니다.

부자가 되는 생각과 방법은 따로 있다

여러분, 지금은 평범한 근로와 노동만으로 집을 살 수 없는 시대입니다. 아마 여러분이 성인이 되었을 시기에는 그 격차가 더 벌어져 있을 것입니다. 이른바, '양극화'가 심해지는 것입니다. 그렇기 때문에 그저 평범하게 돈을 버는 수준을 넘어서, 큰 단위의 돈, 추가의 돈을 만들 수 있는 생각을 연습해야 합니다. 가령, 부자가 되는 생각은 다음과 같습니다.

- A가 팥 붕어빵만 팔 때 B는 슈크림 붕어빵도 같이 팝니다.
- A가 국내 주식/국내 부동산만 할 때, B는 해외 주식/해외 부동산도 투자합니다.
- A가 집에서 아이와 놀 때, B는 아이와 노는 모습을 찍어서 유튜브에 올려 구독자를 늘립니다.

• A가 동네에서만 반찬가게를 할 때, B는 인터넷을 통해 전국적으로 반찬 판매를 합니다.

저는 여러분이 B처럼 멀티인재, 생각이 다른 사람, 기업가 정신이 있는 사람, 포부가 큰 사람이 되기를 원합니다. 그러려면 생각이 트여야 합니다. 돈을 버는 것과 만드는 것은 다르니 어떻게 하면 만들 수 있을지 계속 생각해야 합니다. '돈을 버는 사람들 중 대다수는 직장의 월급을 기반으로 투자했구나! 그럼 우선 좋은 직장을 구해야겠네! 그런데, 공부를 못하면? 아, 자영업으로 부자가 되는 사람도 있지! 〈백종원의 골목식당〉 자주 봐야겠다. 아빠에게 나도 경제 공부 좀 시켜 달라고 할까? 안 그래도 삼촌이 지난번에 비트코인과 주식으로 돈 많이 벌었다고 하셨는데, 연습 삼아서 아빠한테 삼성전자 1주만 사 달라 해 볼까?' 이런 식으로 돈에 대한 생각, 부자에 대한 생각, 어떻게 하면 월급 외에 돈을 추가로 만들 수 있을지 계속 생각해야 합니다. 그래서 기회가 되면 부모님 따라서 부동산도 가 보고, 부모님 인맥 중에 돈 잘 버는 분들을 찾아가서 돈 잘 버는 비법도 물어볼 마음이 있어야 합니다. 그렇게 하면 여러분은 재테크 영재라는 소리를 들을 것이고, 그 분야의 어른들에게서 어쩜 이렇게 일찍 세상에 눈을 떴냐고 기특하다는 소리를 들을 것입니다.

후천적 부자가 되는 방법

- 창업 활동: 유통, 마케팅, 영업, 파견 사업, 프랜차이즈 창업, 프랜차이즈 직접 창업
- 펀드 투자: 디지털 뉴딜 펀드
- 크라우드 펀드: 와디즈
- 주식 투자: 국내 주식, 해외 주식
- 부동산 및 경매: 아파트, 상가, 원룸, 오피스텔, 토지 및 임야, 베트남, 미국 등 해외 부동산
- 환율 투자: 달러, 유로화, 엔화, 위안화
- 금 투자, 보석 투자, 명품 투자, 예술품 투자
- 비트코인, 그림, 콘도 회원권 투자
- 명품백 및 나이키 신발 수집
- 유튜브 콘텐츠 크리에이터
- 투잡, 스리잡

여러분의 시대에는 투잡, 스리잡이 당연한 시대가 될 것입니다. 전공이 하나라고 직업이 하나일 필요는 없습니다. 돈을 버는 것과 돈을 만드는 것은 분명 다른 개념임을 알고 돈을 만드는 여러분의 선배, 부자가 된 어른들을 똑같이 모방하고 따라하기 바랍니다. 파이팅!

- 돈을 버는 것과 만드는 것은 다르다.
- 앞으로는 투잡, 스리잡이 당연한 시대가 될 것이다.

MISSION 🎯

네이버 블로그에서 2030 부자 선배 '라이프해커 자청'
'월급쟁이 루지' '수미숨' '애나정' 찾아보기

모방하면
돈이 따라옵니다

저는 부자가 되고 싶어 하는 후배들에게 "모방하세요"라는 말을 많이 합니다. 모방을 하면 남보다 더 빨리, 그리고 안정적으로 돈을 벌 수 있기 때문입니다. 또, 1등을 베끼고 모방하면 나도 모르게 1등의 역량이 쌓이게 되어 사회에서 취업/창업 경쟁에서 유리한 고지를 선점하게 됩니다. 이렇듯 학교를 졸업하는 순간부터 모든 사람이 '성인'으로서 돈과 자아실현을 위해 동등하게 대결을 펼치게 되는데요, 이때 중요한 것이 바로 모방입니다. 모방을 강조하고 연습하기를 원하는 더 자세한 이유 3가지를 말씀 드리겠습니다.

첫째, 모방을 하면 1등의 단점 말고 '장점'만 고스란히 내 것이 됩니다. 1등

은 이미 최적의 완성된 상태입니다. 누군가가 고민고민하여 출시한 정제되고 필터링된 최고의 상태입니다. 즉, 1등이 되기까지 실패했던 부분을 내가 굳이 겪지 않아도 된다는 것을 의미하고, 또 1등의 장점만 고스란히 내 것으로 만들 수 있음을 의미합니다.

둘째, 모방을 하면 안정적으로 돈을 벌 수 있습니다. 모방을 한다는 것은 이미 시장에서 검증된 것을 베낀다는 뜻으로, '안정성'이 어느 정도 확보되었음을 의미합니다. 괜히 혁신한다고 새로운 것에 도전하여 실패하면 현실에서는 어른들의 말과 달리 회생하기 매우 어렵습니다. 이때 1등을 따라하면 2등이 되거나, 혹은 3등이 되어 안정적으로 성장할 수 있습니다.

셋째, 모방은 어른들이 성공하려 할 때 하는 '가장 기본적인 과정'이기 때문입니다. 우리 주위 모든 산업은 기업들 간의 모방과 차

용으로 발전하고 있습니다. 핸드폰 회사, 자동차 회사, 과자 회사, 라면 회사, 음료수 회사 등 모두가 서로를 모방하고 있습니다. 뭔가 잘되는 것이 나오면 상대방의 성공 요소, 발전 방식을 따라하며 똑같이 런칭하는 것입니다.

기업들 간의 모방과 차용

- 바나나맛 제품을 A에서 만들면 B, C, D도 다 따라하여 런칭
- 갈비맛 치킨이 A에서 나오면 B, C, D도 다 따라하여 런칭
- 참치김밥이 A에서 나오면 B, C, D도 다 따라하여 런칭
- 트로트 프로그램을 A에서 하면 B, C, D도 다 따라하여 런칭
- 군인 전용 보험상품이 A에서 나오면 B, C, D도 다 따라하여 런칭
- 독서실이 A에서 나오면 B, C, D도 다 따라하여 런칭
- 진로 관련 책이 A출판사에서 대박나면 B, C, D도 다 따라하여 런칭

그런데, 왠지 모르게 모방이라 하면 어감이 좋지 않습니다. 뭔가를 베끼고, 훔치고, 몰래 카피하는 느낌이 들기 때문입니다. 만일, 모방을 벤치마킹, 패스트팔로잉, 차용, 응용이라 부르면 어떨까

요? 어감도 달라지고 뭔가 있어 보입니다. 1등의 것을 흡수하고, 성공한 것을 차용하고, 앞서가는 것을 벤치마킹하면 되는 것입니다. 여기 중요한 사실이 있습니다. 모방하여 짝퉁처럼 만드는 것이 아니라 조금 다르게 차별화 요소를 넣고, 나만의 것을 주입하며 재창조하면 새로운 제품으로 인정받게 됩니다.

단순히 여러분에게 사업과 제품을 모방하는 것만을 설명하는 것이 아닙니다. 여러분 주위의 롤모델, 닮고 싶은 친구가 있다면 그들이 생각하는 방식을 그대로 따라하고, 1등의 공부 습관, 1등의 성공 방법을 모두 따라하는 것을 의미합니다.

가령, 닮고 싶은 선배와 여러분의 롤모델 친구가 독서를 많이 한다면 여러분도 그대로 독서를 따라하고, 그들이 신문을 꾸준히 읽는다면 여러분도 신문 읽기를 따라하면 됩니다. 또, 그들이 봉사활동을 나가면 따라서 봉사활동을 나가라는 것입니다. 저 역시 그러한 맥락에서 매일 롤모델을 따라하며 러닝, 명상/묵상, SNS를 꾸준히 하고 있습니다.

헷갈리지 말아야 합니다. 모방은 나쁜 것이 아니라 좋은 것입니다. 모방은 여러분이 공부머리는 부족해도 아이디어와 일머리를 통해 후천적 부자가 될 수 있는 최고의 방법입니다.

누구 삶을 베낄지, 누구 아이디어를 흡수할지 잘 골라서 흡수하기 바랍니다.

- 1등을 따라하면 3등이라도 된다.
- 모방하되 차별화 요소를 넣고, 나만의 것을 주입하며 재창조하라.
- 모방은 아이디어와 일머리를 통해 후천적 부자가 될 수 있는 최고의 방법이다.

MISSION

〈미스터트롯〉, 〈트롯의 민족〉, 〈트롯 전국체전〉 분석하며

나만의 트로트 프로그램 만들어 보기

내가 좋아하는 것보다 남이 좋아하는 것을
중심으로 해야합니다

저는 항상 강연을 주최한 사람을 기분 좋게 하는 버릇이 있습니다.

"끝으로 오늘 이 강의를 주최해 주신 담당자님께 박수 크게 쳐 주시면 감사드리겠습니다."

"짝짝짝."

그럼 담당자의 얼굴엔 웃음이 가득 차게 됩니다. 누군가 힘들여

주최한 강연이 사람들에게 인정받으면 기분이 좋아서 다음에도 저를 불러 주게 되고, 그분이 앞으로 이런 일을 할 때도 신바람 나서 일을 더 잘할 수 있게 되기 때문입니다. 이렇듯 제가 칭찬을 독려하고, 강연 주최자를 드높이는 이유는 상대방의 입장에서 생각하면 제게 이득이 될 때가 많기 때문입니다.

상대방이 듣고 싶은 말, 상대방이 원하는 행동

식당에서 사장님이나 홀서빙을 하시는 분들에게 "저는 이 집 국수가 세상에서 제일 맛있어요. 저기 멀리서부터 일부러 찾아올 정도예요."라고 말해 보세요. 그 사장님은 기분이 좋아서 서비스를 주실 수도 있고, 고맙다고 양을 더 푸짐하게 주실 수도 있습니다. 집이라면 "엄마 밥이 세상에서 제일 맛있어. 밖에서는 엄마 맛이 안 나요"라고 해 보기 바랍니다. 엄마를 가장 힘나게 하는 말이면서 앞으로 식탁의 반찬이 더 달라질 것입니다.

이처럼 상대방이 원하는 것이 뭔지 생각하면 지갑이 열리고, 마음을 얻을 확률이 확 올라갑니다. 그런데 이 쉽고 간단한 것을 사람들은 하지 않습니다. 내 입장과 내 위주로만 생각하고, 내가 좋아하는 것을 일방적으로 공급하고, 상대방이 내게 맞춰 주기만을 바랍니다. 사람은 누구나 대접을 받고자 합니다. 지위, 재산, 나이가 적고 많음을 떠나서 모두가 인정받고 대접받고 싶어 합니다. 그렇게 인정받으면 그 사람에 대하여 호감도가 높아지는 것입니다.

이를 위해서 여러분은 오늘부터 당장 상대방의 입장이 되어 상대방이 듣고 싶은 말이 뭔지 생각해 보기 바랍니다. 또, 상대방이 원하는 행동이 뭔지 생각해 보고 그것을 해 보기 바랍니다.

- 아빠가 생신 때 제일 듣고 싶은 말이 뭘까?
- 엄마는 내가 밥 먹을 때 무슨 말을 하면 좋아하실까?
- 선생님은 내가 어떤 말과 행동을 하면 나를 더 예뻐하실까?
- 세영 선배는 어떻게 성공했을까?
- 윤수는 어떻게 공부하기에 늘 1등일까?
- 지안이는 어떻게 20등에서 3등으로 수직상승했을까?
- 수아 누나는 어떻게 특성화고등학교에서 대기업에 취업했을까?
- 미연 언니는 어떻게 쇼핑몰에서 성공했을까?
- 대입 면접관은 지원자들 중에 어떤 걸 기준으로 뽑을까?
- 흔한 남매, 보겸, 보물섬은 어떻게 유튜브를 성공했을까?
- ○○는 어떤 스타일의 사람을 여친/남친으로 사귀고 싶을까?
- 내 유튜브, 인스타, 블로그에 들어오는 사람들은 어떨 때 나에게 하트를 눌러 줄까?

이렇게 대입 면접관, 취업 면접관, 창업 지원금 담당자, 학교 선생님, 부모님, 친구, 소비자, 생산자의 입장이 되어 보면 보이지 않는 것들이 보이며 여러분들이 해야 할 것들이 촤르륵 펼쳐질 것입니다. 이는 실제로 대입, 취업, 창업에 성공한 여러분의 선배들이 반드시 실행한 1%의 비밀인 만큼 꼭 상대방의 입장이 되어 생각해 보고 행동해 보기 바랍니다.

그렇기에 내가 좋아하는 것도 중요하지만 '어떻게 하면 사람들이 내게 돈을 기꺼이 지불할까? 세상 사람들이 원할 만한 아이템은 뭘까? 우리 엄마 가게에 어떤 서비스를 도입하면 손님들이 좋아할까? 친구 준영이네 엄마 가게를 어떻게 홍보하면 사람들이 많이 와서 준영이가 행복해질까? 남들이 좋아하는 내 장점은 무엇일까? 어떻게 화장하면 이쁨받을까? 어떻게 청소하면 엄마가 날 더 이뻐하실까?'처럼 남들을 중심으로 생각하기 바랍니다.

앤디 쌤의 KEY POINT

- 상대방의 입장이 되어 보면 보이지 않는 것들이 보이고, 해야 할 것들이 펼쳐진다.
- 대입, 취업, 창업에 성공한 선배들은 모두 '상대방의 입장이 되어 보기'를 실행했다.

MISSION ◎

엄마 아빠가 듣고 싶어 할 만한 말을 3가지 생각해 본 뒤
그대로 해 보고 반응 살펴보기

남들과 다른 생각,
입체적 생각을 하기를

"큰일이네요. 어휴, 역대급으로 주식이 폭락하네요."

"기회죠. 하늘에서 황금비가 내리고 있네요."

"네? 황금비요?"

'2020년 3월. 코로나로 주식이 폭락할 때 지인과 나눈 대화입니

다. 저도 꽤 역발상을 잘한다 생각하는데
솔직히 3월의 폭락은 무서웠습니다. 하루
에 수천만 원이 없어지는데 한숨이 안 나
올 수가 없었기 때문입니다. 결국 제
지인은 과감한 투자 결정으로 6개
월 만에 약 12억 원을 손에 쥘 수 있
었습니다.

"돈은 소수를 따라갈 때가 옳은 거

예요. 사람들과 반대로 해야 하는 거지요. 주식 시장만 그런 게 아니에요. 부동산 시장도 보시고, 사업도 보세요. 정말 그래요."

남들과 다르게 생각하면
부자가 된다

여러분 선배들의 이야기를 종합해 보면 노력과 성실 외에 가장 핵심적인 성공방법으로 '남들과 다르게 하기'를 강조합니다.

예를 살펴보겠습니다. 한때 열풍이 불었던 허니버터칩은 '감자칩=짭짤함'이라는 기존의 생각을 '감자칩=달달함'으로 바꾸었습니다. 고통스러울 정도로 매운 라면인 불닭볶음면도 기존의 라면에 대한 생각을 바꾸어 대박이 난 사례입니다. '하루 만에 배송이 된다면 어떨까?'라는 마켓컬리의 새벽배송과 쿠팡의 로켓배송 역시 생각을 바꾼 대성공 사례입니다. 또 찾아오기를 기다리지 않고 찾아가는 세탁서비스, 매장을 공유해서 가게 안에 가게를 입점시키는 숍인숍 매장, 팬들을 상대로 스타의 일상과 연기철학을 판매하는 사이트, 하버드와 옥스퍼드 대학 도서관의 인테리어를 본따 만든 독서실, 듣는 라디오가 아닌 보이는 라디오 등은 남들과 다르게 생각해서 부자가 된 사례입니다.

사례는 무궁무진합니다. 유튜브를 볼까요? 남들이 다 실내에서 먹방을 할 때 야외에서 먹방을 시작한 먹방 채널, 결혼하지 않은 삶을 고스란히 오픈한 노총각 채널, 시골집에서 밥 먹는 모습을 그냥 잔잔하게 찍어 보여 주는 시골 가족, 국내외 이슈를 빨리 모아서 전달하는 사이버렉카 이슈 채널, 한국의 우수함을 알리는 국뽕 채널, 불면증으로 힘들어하는 사람들을 위한 불면증 채널 등 생각을 달리해서 부자가 되는 사람이 너무도 많습니다. (참고로, 여러분이 좋아하는 유튜브 채널의 정보란을 클릭하면 재생 수가 나오는데, 그 숫자에 1.7을 곱하면 외환은행에 실제로 들어오는 한국 돈이라고 생각하면 됩니다.)

그런데 이 다르게 생각하는 법, 역발상을 키우는 아주 쉬운 방법이 있다면 믿으시겠나요? 바로 분해하기, 연결하고 붙이기, 만약에 이렇게 하면 어떨까? 상상하기, 뒤집고 반대로 하기, 삭제하기 등이 있습니다.

- 이 가게가 성공한 이유는 무엇일까?
- 이 가게가 실패한 이유는 무엇일까?
- 이 작가는 왜 이렇게 글을 썼을까? 이 대목이 암시하는 것은 무엇일까?
- 이 광고는 카피라이팅을 이렇게 하면 어땠을까?
- 이 제품에 A기능을 덧붙이거나, B 제품을 추가 서비스로 주면

어떨까?

- 이 아이돌 그룹에 이런 멤버가 추가되면 어떨까? 이 작곡가의 곡을 받으면 어떨까?

나만의 무기, 특별함은 무엇일까?

여러분이 과자 회사에 입사한다 가정하고 어떤 과자를 새로 런칭해서 잘 팔리게 할지 생각해 봅시다. 가령, 꼬깔콘에 어떤 맛을 추가로 할지, 색깔과 마케팅은 어떻게 해 보겠다고 기획해 보는 것이죠. 또, 메로나 아이스크림에 어떤 맛을 새로 런칭할지, 제품 디자인은 어떻게 할지 그려 보는 것입니다.

또, 친구 엄마네 가게를 장사가 더 잘되게끔 여러분이 백종원 아

저씨가 되어 컨설팅을 해 보는 것도 좋은 프로젝트입니다. "어머니, 제가 볼 때는 어머니네 가게는 음식 맛은 좋은데 그릇 색깔이 너무 칙칙해 보여요. 저와 같이 중고 식기점에 가서 예쁜 그릇을 사 와요. 또 요즘은 SNS 시대인데 우리 동네 맛집을 치면 어머니 가게가 나오지 않으니, 예쁜 그릇으로 바꾸고 예쁜 사진을 많이 찍어 제가 SNS에 올려 볼게요. 그리고 요즘 사람들은 다 배달의민족, 요기요, 쿠팡이츠 이용하니까 광고비 아까워하지 마시고 팍팍 올려 보세요"처럼 컨설팅을 하는 것이죠. 어떻게 해야 할지 감이 오지요?

여러분, 달라야 합니다. 지금은 모두의 수준이 높아진 시대입니다. 이 책에서 나온 대로 중위권, 상위권, 최상위권으로 차분하게 올라가고 '차별화 요소'로 승부를 내기 바랍니다. '나는 어떤 무기를 가지고 있어야 하나? 내 특별함은 무엇일까? 어떤 것을 덧붙여야 하나? 사람들이 좋아하는 게 무엇일까?' 하고 대중의 입장에서 생각하며 나만의 필살기를 꼭 가지기 바랍니다. 그러기 위해 평소에 단편적으로 하나의 관점에서 생각하지 말고, 여러 관점에서 입체적으로 생각하기 바랍니다. 즉, 한 가지 사안에 대하여 이런 쪽도 생각해 보고, 저런 쪽도 생각하고, 다른 사람의 생각도 흡수하고, 또 완전 다른 의견도 흡수하며 다양하고 입체적인 사고를 할 수 있는 인재가 되도록 연습하기 바랍니다.

• 노력과 성실에 '남들과 다르게 하기'를 더하면 성공한다.

• 앞으로 살아갈 시대는 다양하고 입체적인 사고가 필수다.

MISSION

내가 유튜브를 한다면 남들과 다르게 어떻게 운영할까?

내 채널 콘텐츠 기획해 보기

#공부와 꿈 #성장과 성공 #돈 #사람 #세상 #행복

사람에
대하여
알게 된 것들

Wish I Had Known
Before Graduation

세상에는 '이상한' 사람들이 은근히 많다

"뭐 이런 사람이 다 있어?"

"이봐요, 그게 말이 된다고 생각하세요?"

처음 '이상한 사람'을 주제를 책으로 쓴다고 했을 때 청소년부터 어른까지 많은 이들이 박수를 쳐 주었습니다. 왜 그럴까요? 우리 모두 학교와 세상에서 이상한 사람을 정말 많이 만나기 때문입니다. 아마 이 책을 읽는 여러분도 최근 일주일 내에 이상한 사람을 만났거나 이상한 일을 분명 경험했을 것입니다. '참나~' '지금 생각해도 어이없네?' 이런 것들 말이지요. 그만큼 우리 주위에는 이상한 사람이 많습니다.

- 말투가 툭툭 쏘고, 명령형이고, 이상하게 기분 나쁘게 하는 사람
- 자기만 생각하는 이기주의자, '지나치게' 자기중심적인 사람

- 말로는 '존중합니다' 하지만 나와 다르면 인정/존중하지 않는 사람
- 분명 A라고 말했는데, 시간이 지나면 A가 아니라 B라고 했다고 우기는 사람
- 분명 A하겠다고 약속했는데 시간이 지나 A를 못했음에도 뻔뻔한 사람
- 국민의 세금 수십억~수백억 원을 말도 안 되는 곳에 흥청망청 쓰는 사람
- 깨끗하게 경영하겠다 했는데 막상 경영해 보니 '이게 최선입니다' 하는 사람
- 같은 편이면 예스! 남이면 노노! 하는 내로남불 사람
- 남자와 여자를 편 가르고, 지역감정을 유발하는 사람
- 소비자가 진짜 왕이고 권력인 줄 아는 진상 고객

- 알바, 자영업을 서비스 노예로 생각하는 소비자
- 돈 좀 가지고 있다고 사람을 무시하고 자본주의 사회에서 그것이 당연하다 여기는 사람
- 사실 관계는 확인하지 않은 채 한쪽 말만 듣고 우르르 몰려가 테러하는 사람들
- 자유라는 이름 아래 다른 사람의 피해는 신경 쓰지 않고, 자기 멋대로 하는 사람
- 다양성이라는 이유로 소수라는 단어를 사용해 오히려 갑질을 하는 사람
- 뻔뻔한 얼굴로 사기 치고, 다른 사람에게 상처 주는 사람
- 한다고 약속했는데 매번 약속만 하고 행동하지 않는 사람

그렇습니다. 우리 주위에는 '이상한 사람들'이 생각보다 많습니다. 우리는 학교와 가정에서 사람이 꽃보다 아름답고, 세상은 무지개만 있는 것처럼 배우지만 현실에서는 이상한 사람들, 나와 안 맞는 사람들이 생각보다 너무 많이 존재함을 알게 됩니다. 여러분도 이미 알고 있을 겁니다. 생각해 보세요. 10명의 사람이 모이면 그중 1~2명은 꼭 이상한 사람이 섞여 있지 않은가요? 일주일에 한 번은 꼭 이상한 사람, 이상한 일을 겪지 않나요? 저는 진심으로 여러분이 훗날 사람 때문에 스트레스받지 않기를 바라고, 사람에게 상처

받지 않기를 바랍니다. 사회에 나오면 정말이지 사람 스트레스 때문에 미쳐 버릴 것 같은 순간이 한두 번이 아니기 때문입니다.

사람 스트레스를 받지 않기 위해 알아야 할 4가지

사람에게 스트레스받지 않고, 사람에게 상처받지 않으려면 다음 4가지를 명확히 알아야 합니다.

첫째, 세상에는 말이 안 통하고, 행동이 이상한 사람이 실제로 많음을 인식하고 사람을 무조건 아름다운 존재로 보지 말기 바랍니다.
상대와 몇 번 대화를 나누다 자기 생각과 큰 차이가 느껴진다면 억지로 설득하려 하지 말고 적당한 거리를 두고 지내라는 것입니다.
어차피 말은 계속 안 통하고, 결국 그 상처는 자신이 받게 되어 있습니다. 정말입니다. 이상한 사람은 자신이 이상한 것을 모르고, 오히려 자신이 상식적이고 표준적인 사람이라고 여길 테니 괜히 싸움만 날 것입니다. 혹시나 학교에서 배운 대로 '토론하고 설득하면 될 것입니다'라고 생각한다면 마음을 바꾸기 바랍니다.
둘째, 상대방이 이상해도 우선은 상대를 이해하려 하기 바랍니다.
이상한 사람과 적당한 거리를 두기 전에 분명히 상대의 말과 행동을 이해하기는 해야 합니다. 자칫하면 그 사람과 오해가 생길 수도 있고, 괜히 서로 적이 되어 사회생활이 불편해질 수도 있기 때문입니다. 분명한 것은 나와 맞지 않는다고, 다른 사람에게도 이상한 사람은 아닌 경우가 은근 많더라는 것입니다. 그러니 나와 친구가 되지는 않더라도 적으로 만들 필요는 없습니다. 즉, 이상한 사람을 최대한 이해하되 억지로 친하게 지내지 말고 적당한 거리를 두라는 것입니다.

셋째, 이상한 사람을 만나고, 이상한 상황을 겪으면 기분이 나빠질 수밖에 없는데 그때 빨리 그 사람을 잊고, 그 감정을 잊어야 합니다.

막말을 하고, 폭언을 하고, 말도 안 되는 행동을 했다고 칩시다. 그

럼 돌아이가 소리친다고 나도 같이 소리쳐야 하나요? 쓰레기를 줬
는데 그 쓰레기를 내 주머니에 넣을 필요가 있을까요? '화'라는 감
정은 일시적인 감정입니다. 사람이라면 누구나 내는 불순물 같은
것입니다. 이상한 사람에게서 안 좋은 말을 듣고, 사건을 겪으면 그
말을 마음속에 품기보다는 최대한 빨리 배출하고 그 현장을 떠나
야 합니다. 가령, 그 현장에서 나와 바람을 쐬든, 샤워를 하든, 다른
일에 집중하든 해야 하는 것입니다. 그럼 어느 순간 화 또는 이상
한 감정은 풀려 있을 것이기 때문입니다.

넷째, 사람은 쉽게 바뀌지 않습니다. 그래서 웬만하면 상대를 바꾸
려 하지 말기 바랍니다.

옛말에 '사람은 고쳐 쓰는 게 아니다'라는 말이 있습니다. 어찌 보
면 굉장히 불쾌할 수도 있는 말이지만 사회생활을 해 본 사람이라
면 어느 정도 공감하는 말이기도 합니다. 정말로 사람은 쉽게 바
뀌지 않습니다. 웬만해서는 거의 바뀌지 않는다고 봐도 무방합
니다.

사실은 그래서 세상이 공평할 수도 있습니다. 변화하는 A는 변화
하지 않는 B 때문에 원하는 것을 쉽게 얻을 수 있기 때문입니다. 제
가 그동안 경험한 바에 의하면 '사람을 변화시키려 하는 사람'은
공통점이 있습니다. 그 사람의 환경을 바꾸는 것이 아니고, 바로 그
사람 자체를 단기간에 바꾸려 한다는 것입니다. 가령, '충격요법,

직언, 쿨 몽둥이, 팩트, 사이다'라는 이름으로 상대에게 직접적으로 대놓고 이야기합니다. 그런데 그 사람이 바뀌면 좋으련만 거의 바뀌지 않죠? 수십 년을 그렇게 살아온 사람인데 말 한마디로 쉽게 바뀔 리가 없습니다.

다른 사람을 바꾸려 시도할 때
알아야 할 5가지

사람은 쉽게 바뀌지 않지만, 그럼에도 만일 여러분이 누군가를 바꾸려 시도한다면 다음 5가지를 통해 바꾸어야 합니다.

첫째, 그 사람의 주된 활동장소를 바꾸어야 합니다.
예) 집이 아닌 학교/학원/독서실에서 공부하기, 착해지려고 종교 가지기, 독서하러 도서관 가기, 연애를 해 보려 이성이 많은 동호회 참여하기, 영어 배우러 외국으로 어학연수 가기, 운동은 집보다 운동장/헬스장에 가서 하기, 인터넷 카페 모임/카톡방 모임 참여하기.
둘째, 투자하는 시간의 양을 완전히 바꿔야 합니다.
예) 공부 못하는 학생은 공부 자체보다 우선 의자에 오래 앉아 있기를 목표로 하기.

무엇이든 잘하게 되려면 2시간 하던 것을 5시간, 8시간으로는 늘려야 합니다.

셋째, 타인과 외부로부터 이벤트가 생겨야 바뀝니다.

예) "아저씨 입에서 음식물 쓰레기 냄새 나요." 이런 소리를 듣고 금연에 성공한 A, 부모님이 갑자기 돌아가셔서 철이 들어 버린 B, 건강검진 결과를 보고 나서 다이어트를 시작한 C, 뜻밖의 칭찬을 듣고 자신의 달란트를 발견한 D.

넷째, 만나는 사람을 바꾸어야 합니다.

예) 종교생활을 통해 전혀 다른 친구 사귀기, 공부 잘하는 친구 사귀기, 네이버 특정 주제 블로거, 유튜버, 인스타 인플루언서 등과 친구 맺기, 영어 잘하려고 외국인 봉사모임 참여하기, 돈 벌려고 모인 재테크 동호회 참여하기, 코딩 동아리 참여하기, 지역 아동 보육시설 봉사모임 참여하기.

다섯째, 방해요소를 완전히 제거해야 합니다.

예) 핸드폰을 멀리 두거나 아예 제거하기, 친구/가족과 잠시 연락 두절하기, 책상 깨끗이 하기.

여러분, 의식이 변하는 것은 잠깐입니다. 뭐든 할 수 있을 것 같은 의지도 잠깐입니다. 결국, 빠른 시작을 해야 하고, 꾸준한 행동으로 습관이 되어야 합니다. 문제는 이렇게 할 수 있는 사람이 많지 않다는 것입니다. 그러니 혹시나 여러분이 누군가를 바꾸어야 한다면 위 5가지에 근거하여 도와주고, 여러분이 바뀌어야 한다면 정말 독한 마음 가지고 이 책에 나온 대로 21일만 꾸준히 꼭 시도하기 바랍니다. 그렇게 21일만 하면 어느 정도 습관이 생겨 관성대로 지속하게 될 것입니다.

끝으로, 우리 자신도 누군가에게 이상한 사람이 될 수 있음을 인식하고, 다른 사람을 대할 때 표현과 행동을 늘 점검하여 조심하기 바랍니다. 누구나 순간적으로 이상한 괴물이 될 상황과 순간은 오기 마련이기 때문입니다.

앤디 쌤의 KEY POINT
- 사람은 쉽게 바뀌지 않으니, 웬만하면 상대를 바꾸려 하지 말자.
- 스스로 바뀌고 싶다면 독하게 21일 동안 시도해 보라. 어떤 행동을 21일 동안 꾸준히 하면, 어느 정도 습관이 생겨 관성대로 지속하게 된다.

MISSION
최근에 겪은 '이상한 사람'과 '이상한 일'을 적어 보고,
그런 일이 있을 때 어떻게 하면 지혜로운지 적어 보기

쓸데없는 인간관계,
그저 스쳐 가는 사람들에게 너무 시간 쓰지 말기를

금(gold)과 동(copper)이 땅에 떨어져 있습니다. 여러분은 무엇을 주울 것인가요? 당연히 금 아닌가요? 이번에는 중요한 일과 덜 중요한 일이 있습니다. 무엇을 먼저 할 것인가요? 당연히 중요한 일이지요? 마찬가지로 인간관계에서도 중요한 사람과 덜 중요한 사람이 있습니다. 그러면 여러분은 누구를 더 소중히 여길 것인가요? 당연히 중요한 사람들입니다.

우리는 사회에서 수많은 사람과 함께 살아갑니다. 중요한 사람, 소중한 사람, 스쳐 지나가는 사람, 동창생, 친한 친구, 그냥 동료, 아는 형, 아는 오빠 등 여러 사람과 함께 살아갑니다. 결론부터 말하면, 여러분들이 자신과 맞지 않거나, 앞으로 안 만날 것 같은 사람들을 내 사람들과 구분하여 사람 때문에 스트레스받지 않았으면 좋겠습니다. 나와 잘 맞고, 나를 예뻐해 주는 사람들과 재미있게 살기

만 해도 부족한 인생인데, 뭣 하러 내 사람이 아닌 사람들 때문에
스트레스받으며 사느냐는 것입니다.

확실한 내 사람
VS 그저 스쳐 지나가는 사람

그러려면 내 사람과 그저 스쳐 지나가는 사람을 명확히 구분해야
합니다. 실제로 많은 선배들이 그러한 것을 잘 지키지 못해서 사람
에게 끌려가고, 손해 보고, 시간과 에너지를 낭비하며 살아가고 있
습니다. 학창 시절부터 미리미리 사람의 관계를 정립하지 못해서
그렇습니다.

가령, 동창과 친구는 다르고, 직계가족과 친척도 다르고, 오래 갈
사람과 잠깐의 인연은 다른 것입니다. 분명 다른 개념임을 정확히
알아야 합니다. 같은 반에 있더라도 동창의 개념일 뿐 졸업하면 거
의 남과 다름없고, 같은 학교를 다녔다는 것 외에는 크게 추억이나
교류가 없기 때문에 평생 내 사람이 될 확률은 매우 낮습니다. 이렇
듯 동창과 찐친을 구별하지 않으면 내 인생의 엑스트라들에게 쓸데
없는 시간과 에너지를 쏟느라 기회비용을 잃게 됩니다.

실제로 살다 보니 내 사람을 제외한 대부분의 사람들은 어차피
점점 나와 멀어지게 되어 있고, 내게 무슨 일이 있을 때 관심 있는

척하지만, 알고 보면 걱정보다 흥미를 갖는 것이고 깊이 관여하지 않는 존재들입니다.

돌이켜 보니 괜히 밥값을 더 내고, 굳이 말하지 않아도 될 것들을 말하고, 괜히 도와줬다는 후회를 참 많이 하게 됩니다. 그러므로 내 인생을 스쳐 지나가는 사람들과의 시간을 줄이고, 내 사람들에게 온전히 집중하는 삶도 충분히 옳음을 명심하고, 굳이 모두와 잘 지내려고 노력하지 않아도 됩니다. 혹시 착한사람 콤플렉스, 종교적인 이유로 모두와 잘 지내려는 마음이 있다면 이번 기회에 내려놓으면서 나와 내 사람들에 집중하는 삶을 살기 바랍니다. 그럼 더 웃음 넘칠 일, 행복한 일이 쌓일 것입니다.

내가 가는 방향에 따라
내 미래의 인맥이 바뀐다

현재의 내 가족, 내 사람을 구분하여 행복한 삶을 살고 있다면 이제 내 미래의 가족, 나와 잘 맞을 내 미래의 사람을 두 번째 그룹으로 추가하기 바랍니다. 내가 어떤 사람이 되려 하고 어느 곳으로 가느냐에 따라 내 미래의 인맥들도 바뀔 수 있기 때문에, 방향을 잘 설정해야 합니다. 가령, 여러분이 어떤 관심 분야, 어떤 목적을 갖느냐에 따라 그 분야 1% 친구, 외국 친구, 봉사 친구 등을 사귀게 됩니다. 그렇게 또 내 미래의 사람들을 잘 사귀려 노력해야 합니다.

인연은 만들어 가는 것이고 일부러 다가가서 친해지는 것입니다. 우연이라는 핑계로 그저 대충 살기보다 적극적으로 나에게 도움이 될 인간관계를 만들어야 하는 것입니다. 여러분의 선배들이 그러했고 꿈을 더 빨리, 확실히 이루려는 사람들이 그렇게 하고 있기 때문입니다. 그러니 여러분은 꼭 적절한 인맥 다이어트, 주변인과 적당한 거리두기, 앞서가는 사람과 역량이 뛰어난 사람과 어울리기 등을 통해 여러분만의 시간을 확보하고, 내 사람들과 추억을 만들고, 더 나은 미래를 건설하는 데 집중하는 삶을 살기 바랍니다.

여러분, 어차피 우리가 세상을 떠날 때 나를 위해 진심으로 '꺼이 꺼이' 목 놓아 울어 줄 사람은 많지 않습니다. 온몸으로 울어 주고, 나를 애틋하게 기억해 줄 '소수의 내 사람'을 최우선 순위로 두며 살아가기 바랍니다.

앤디 쌤의 KEY POINT

- 더 나은 미래를 건설하는 데 집중하려면 적절한 인맥 다이어트가 필요하다.
- 착한사람 콤플렉스는 내려놓고 내 사람들에 집중하면 더 웃음 넘칠 일, 행복한 일이 쌓인다.

MISSION 🎯
내 '찐'사람을 1, 2, 3단계로 분류해 적어 보고
내가 친해지고 싶은 사람 리스트 적어 보기

인생을 바꾸고 싶다면
만나는 사람을 바꾸어야 합니다

수년 전 SBS 〈힐링캠프〉라는 프로그램에 배우 차인표 씨가 나와 이런 말을 한 적이 있습니다.

"최근 2년간 먹은 것이 그 사람이에요. 만일, A가 술을 좋아한다? 그 사람은 술이라 할 수 있고, B가 콜라와 패스트푸드를 좋아한다? 그 사람은 건강식보다는 패스트푸드로 정의할 수 있어요. 과거에 제 주변에는 한동안 술 좋아하는 사람, 연예계 관련자로 가득했습니다. 하지만 제가 컴패션(봉사단체)을 운영하면서 과거의 사람들과 교류가 줄어들고, 반대로 봉사자들과 교류가 늘어나면서 제 인생이 완전 바뀌었어요. 과거에 저의 정체성이 유흥이었다면 지금은 봉사자, 따뜻한 사람입니다."

이 말을 듣고 보니 제 주위에도 차인표 씨처럼 만나는 사람을 바꿈으로써 인생이 바뀐 사람들이 꽤 있습니다.

- 재테크 투자자들과 깊은 교류를 하며 짧은 기간에 10억~20억 부자가 된 사람 A
- 청년 창업인들끼리 교류하며 벤처기업으로 성장시킨 사람 B
- 카이스트/포스텍 영재캠프에서 새로운 친구들을 사귀며 진로가 바뀐 청소년 C
- 작가에게 이메일을 보내 상담을 받으며 인생이 바뀐 청소년 D
- 독서모임에 들어가 토론하고 발표하며 논술 실력이 향상된 청년 E

A의 경우 전에는 사람을 만나면 술만 먹고, 여자, 연예인, 게임 이

야기만 주구장창 했습니다. 그러다 우연찮은 기회에 부동산 투자로 돈을 벌게 되어 어떻게 하면 더 부자가 될지 고민했고, 우연히 재테크 카페에 가입하게 되었습니다. 그렇게 조금씩 활동 반경을 넓혀 A는 지금 정치/사회/경제 이야기, 돈을 주제로 토론하는 사람들을 만나며 완전 다른 사람이 되었습니다. 만나는 사람을 바꾸니 생각과 삶의 관심사, 재산이 완전 바뀌게 된 것입니다.

손흥민을 월드클래스로 이끌어 준 한 마디 "나는 당신을 믿습니다"

누구를 만나느냐에 따라 인생이 바뀌는 예시는 너무도 많습니다. 연예인 데프콘은 정형돈을 만나 인생이 바뀌었습니다. 그리고 정형돈을 통해서 유재석으로 인연이 이어지게 되었으며 고정예능에 출연하며 국민들로부터 큰 사랑을 받고 있습니다. 연예인 비(정지훈), 선미는 JYP를 만나 인생이 바뀌었고, BTS는 방시혁을 만나 월드스타가 되었습니다.

축구선수 손흥민은 독일에서 영국으로 이적한 후 적응에 실패해 독일로 다시 돌아가려 했습니다. 하지만 그때 포체티노 감독이 한국어로 "나는 당신을 믿습니다"라며 손흥민 선수에 대한 믿음을 보여 주었습니다. 그리고 다음 해부터 손흥민은 월드클래스 선수의 시작을 알리게 되었습니다.

또 가수 임영웅은 소속사 대표의 권유로 TV조선 〈미스터트롯〉에 참가하여 새로운 사람을 만나며 인생이 바뀌었으며, 싱어송라이터 뮤지는 유세윤과 함께 UV로 활동하며 인생이 바뀌었습니다.

변화를 이룬 사람들의 공통점은 능력 있는 사람, 유명한 사람, 발전하는 사람, 진취적인 사람을 만나서 인생이 바뀌었다는 것입니다. 여러분 역시 마찬가지입니다. 지금 곁에 있는 사람들도 소중하겠지만 여러분 인생이 바뀌려면 유명한 사람을 쫓아다니고, 고수들의 바짓가랑이를 잡아서라도 가르침을 받고, 그들과 인간적으로 친해지면서 인맥을 늘려 가야 합니다. 기회는 나보다 윗사람, 나보다 잘난 사람이 나에게 주는 법이기 때문입니다. 그래서 인생을 바꾸려면 내가 가고자 하는 방향의 새로운 사람, 능력인, 유명인을 많이 만나야 합니다. 그런 면에서 관심 분야의 네이버 카페, 블로그, 카카오톡 단체 채팅방, 영재교육원, 대외활동, 관심 분야 동호회 등에서 친구와 선배들을 확장하기 바랍니다.

특히 젊은 멘토, 선배들과 친해져서 실제 내 고민을 해결해 주고, 최고의 정보를 내게 줄 사람을 많이 확보해야 합니다. 사회생활은 나를 끌어 줄 사람, 관심 분야의 고수 혹은 선배를 얼마나 많이 알고 있느냐가 성공의 열쇠이기 때문입니다. 추가로 아래 3-3-3의 법칙을 잘 활용하여 더 양질의 사람을 만나기 바랍니다.

✓ 3-3-3의 법칙

예) 코딩에 관심 많은 청소년

❶ 3부류의 사람을 만나기

（코딩 디자이너, 코딩 개발자, IT 회사원 선배 등）

❷ 1부류당 3명의 사람을 만나기

（개발자 1, 2, 3, 디자이너 1, 2, 3, IT 회사 선배 1, 2, 3 등）

❸ 그 사람들과 3번 만나기

（집 초대, 코딩 과외, 진로 상담 등）

앤디 쌤의 KEY POINT

• 기회는 나보다 윗사람, 나보다 잘난 사람이 나에게 줄 때가 많다.
• 인생이 바뀌려면 내가 가고자 하는 방향의 새로운 사람, 능력인, 유명인을
만나야 한다.

MISSION 🎯

실제로 만나고 싶은 사람 리스트 **적어 보기, 책 찾아보기,**

블로그/인스타/유튜브 친구 추가하기

내가 인생의 전부인
부모님께 잘하기를

한 남자가 여자아이를 품에 안고 헐레벌떡 뛰어갑니다. 수건으로 동여맸는데도 아이의 다리에서는 피가 철철 흐르고, 아이는 울고 있습니다. 그 남자는 소리를 지르며 동네 사람들에게 문을 연 병원이 어디 있냐고 간절히 물어봅니다. 당황한 사람들도 함께 병원을 찾아 주고, 그렇게 겨우겨우 병원에 도착했고, 바로 수술을 했습니다. 사연인즉 잠깐 부모가 한눈을 판 사이에 여자아이가 유리컵을 가지고 놀다 깨트렸는데 그것이 무릎에 찍혀 버린 것입니다. 유리 파편이 무릎의 힘줄에 찔려 피가 났고 그 부모는 놀란 마음에 우는 아이의 다리를 동여매고 바로 달려온 것입니다. 다행히 아버지가 서둘러 아이를 병원에 데려온 덕분에 수술은 잘 끝났습니다. 아이를 입원시키고 돌아오는 길에 아버지는 스스로를 자책했습니다. "눈을 떼지 말걸. 눈을 안 뗐어야 했는데. 내 잘못이다. 흑흑."

"예전에 네 누나가 이런 일이 있었는데 어찌나 놀랐는지 지금 생각해도 등에 땀이 난다. 어휴~" 위 이야기는 저의 누나와 아버지의 이야기입니다. 택시가 잡히지 않는 곳이라 병원까지 꽤 거리가 멀었는데도 15kg이 넘는 아이를 안고 병원까지 정신없이 뛰어갔을 아버지의 입장이 되어 보니 눈물이 납니다. 저 역시 지금 아들을 키우고 있는데 그와 비슷한 경험이 있어서 더 애틋하게 공감이 가기 때문입니다.

부모의 마음

예전에 배우 차인표 씨 역시 이와 비슷한 일을 겪은 적이 있습니다. 실수로 순간접착제가 딸의 눈에 들어간 것입니다. "꺄아아악!" 칼로 찌르는 것처럼 자지러지는 소리와 함께 눈이 붙어 버렸습니다. '아, 지금 강력본드가 내 딸의 눈을 뜨겁게 태우고 있겠구나. 제발…… 제발 빨리 가야 한다. 아이의 눈을 살려야 한다.' 그리고 그는 딸을 차에 태워 전속력으로 병원으로 향했습니다.

가는 순간에도 이 생각 하나만 들었다고 합니다. '예은아, 네가 조금만 더 크면 아빠가 내 눈 빼서 줄게. 걱정하지 마. 정말로 아빠가 눈 빼서 줄 테니까 조금만 참아.' 그렇게 버티며 병원으로 향했습니다. 다행히도 접착제는 눈 겉에만 붙어서 간단한 조치로 나을 수 있었고 차인표 씨는 감사기도를 드릴 수 있었습니다.

부모님은 다 똑같습니다. 추운 겨울에도 돈 벌기 위해 겹겹이 옷을 입고 장사를 하고, 한푼이라도 더 벌기 위해 새벽부터 나가고, 때론 못된 사람에게 자존심 내려놓은 채 갑질을 당하기도 하고, 술 취한 사람, 사이코 같은 사람 등에게 시달리기도 합니다. 또 화가 날 상황에도 꾹 참기도 하고, 눈물 나게 억울한 일을 당하며 일하고 계십니다. 부모님들이 그렇게 고생하고 헌신하는 것입니다.

그런데 우리는 무슨 이유 때문인지는 몰라도 이상하게 가장 가까운 사이인 가족에게 말을 툭툭 뱉고, 상처받는 말만 골라서 합니다. 말을 함부로 내뱉지는 않더라도 살갑게 하지는 않습니다. 저 역시 그랬고, 많은 선배들이 그랬습니다. 편하다는 이유로, 이해할 것이라는 이유로 순간적인 감정을 참지 못하고 큰 소리 치고, 상처 주고 있습니다. 그런데 지금은 모두 후회스럽고 창피하다고 합니다. 자식이라는 이유만으로 이해하고 참아 주셨고 그 고통과 상처를 다 삼키셨다고 생각하니 미안한 마음뿐이기 때문입니다.

사람들이 가장 많이 후회하는 것
'부모님에게 더 잘할걸'

사람은 늘 후회와 싸웁니다. '아, 그렇게 하지 말걸….' '그렇게 했어야 하는데….' '괜히 했어….' 그중에 사람들이 가장 많이 하는 후회는 바로 '부모님에게 더 잘할걸…'일 것입니다. 한번 생각해 보세요. 부모님이 얼마나 우리를 사랑하시는지 말이지요. 부모는 자식을 위해 대신 죽을 수 있지만, 자식은 부모를 위해 죽을 수 없습니다. 또, 우리에게 최고의 자랑이 부모님이 아닐 수는 있지만, 부모님에게 우리는 최고의 자랑입니다.

그런 부모님을 위해 이제는 여러분도 "엄마 아빠 사랑합니다~" 하는 말도 자주 하고, 부모님 볼에 뽀뽀도 자주 해야 합니다. 저의 경우 부모님께 뽀뽀하면 "저리 가. 하지 마. 징그럽다. 네 아이한테나 잘해!" 하시며 저를 밀어 내시는데, 그래도 저는 알고 있습니다. 엄마가 너무 좋아하신다는 것을 말이지요. 그래서 이제는 정말 애정표현을 자주 하고 있습니다. "엄마 밥이 제일 맛있어요. 아빠 오늘 힘드셨죠? 제가 맛사지 해 드릴게요."

제가 이렇게 바뀌게 된 것은 결국 부모님의 수명 모래시계는 점점 줄어들고, 건강의 전성기는 점점 사라지고 있음을 명확히 깨달았기 때문입니다. 부모님이 돌아가시고 나서 뒤늦게 '꺼이꺼이' 울며 후회한들 무슨 소용 있을까요? 그러지 않기 위해 부모님에게 하루하루를 잘하려 합니다.

여러분, 혹시나 지금까지 부모님께 날카로운 말을 던지고, 퉁명스럽게 했더라도 괜찮습니다. 지금부터 조금씩만 잘해 드리면 됩니다. 여러분뿐 아니라 여러분의 선배, 여러분의 부모님 역시 할머니, 할아버지가 돌아가시고 나서야 더 잘할걸 하고 후회했으니, 여러분도 지금 부족하더라도 너무 자책하지는 마세요. 그저 지금이라도 빨리 깨닫고 부모님에게 조금씩 다정한 말투, 애정 표현, 고생하신

것에 대한 감사 표현을 조금씩 늘려 가면 됩니다. 그것이 부모가 내게 해 준 사랑에 대한 작은 보답이니까요.

끝으로 소설가 피천득 님의 말을 빌려 부모님께 꼭 표현했으면 합니다.

"나, 다시 태어나도 엄마의 딸, 아들이고 싶습니다."

앤디 쌤의 KEY POINT

• 우리는 부모님에게 최고의 자랑이다.
• 부모님에게 다정한 말투, 애정 표현, 고생하신 것에 대한 감사 표현을 조금 씩 늘려 가는 것이 부모가 내게 해 준 사랑에 대한 작은 보답이다.

MISSION 🎯
유튜브에서 '차인표 부성애'라고 검색하여 SBS 〈땡큐〉 영상 찾아보기, 그리고 엄마 아빠에게 솔직한 편지 쓰기, 카톡으로 라이언 하트 이모티콘 보내기

예의 바른 사람은
동서양 어디를 가도 사랑받는다

"○○는 싸가지가 왜 이렇게 없어?"

"○○는 인사를 잘해서 좋아."

"○○는 말을 참 이쁘게 해."

사람을 처음 만났을 때 그 사람의 첫 인상을 만드는 것은 외모, 풍기는 이미지, 행동, 말투, 그리고 예의입니다. 특히, 사회생활을 하다 보니 이 예의 바른 이미지만 잘 형성해도 인간관계와 돈, 성공이 술술 풀린다고 많은 선배들이 이야기합니다. 비단 한국만 그런 것이 아닙니다. 아시아를 넘어 미국, 유럽도 마찬가지입니다. 예의 바른 사람은 모두가 사랑하고 가까이하려 한다는 것입니다. 헷갈려서는 안 됩니다. 우리나라만 '유교 문화' 때문에 예의에 집착한다고 말이지요. 절대 아닙니다. 표현 방식의 차이일 뿐 사람과 관계를 맺는 사회에서 예의는 그 사람의 인성을 나타내는 거울입니다.

사람과 잘 지내는 첫 번째 비법
'인사 잘하기'

키 190cm의 훤칠한 청년이 주차장에서 누군가에게 90도로 폴더 인사를 합니다. '누군데 저렇게까지 주차요원한테 고마움을 표시할까?' 알고 보니 배우 김우빈 씨였습니다. 주차를 대신 해 주는 발렛 파킹 기사님께 감사 인사를 온몸으로 한 것입니다. 잠깐의 움짤이 인터넷 커뮤니티에 퍼지자 김우빈 씨의 이미지는 대중에게 '예의 청년'으로 각인되었습니다. 가수 겸 배우 이승기도 , 2PM 옥택연, 에이핑크, 소녀시대 윤아도 인성 좋은 연예인으로 유명합니다. 유재석, 박보검, 강하늘 씨도 유명하죠? 여러분, 이미지가 좋아야 함을 명심하기 바랍니다.

위 인물들의 사례에 답이 다 있습니다. 사람과 잘 지내는 비법 말

입니다. 그것은 바로 '인사 잘하기'와 '말투 디자인하기'입니다. 먼저 다가가 웃는 얼굴로 '안녕하세요' 한 마디만 하면 됩니다. 정말 쉽죠? 인사는 존경, 친절, 좋아함을 내포하는 애정 표현이기에 인사를 받는 사람은 기분이 좋아집니다. '아, 내가 대접을 받는구나.' '이 사람이 나를 존중하는구나.' '이 사람은 예의가 바른 사람이니 좋은 사람이겠구나.' 상대방은 이렇게 생각하게 됩니다. 여러분은 그저 인사를 먼저 하고, 눈을 보고, 큰 목소리로 하고, 웃으면서 하면 되는 것입니다. 정말 이 '인사' 하나만 잘해도 여러분의 이미지가 좋아짐을 인식하고 꼭 실천하기 바랍니다.

사람과 잘 지내는 두 번째 비법
'말투 디자인하기'

다음은 말투 디자인입니다. 희한하게 말투만 바꿔도 대화의 분위기가 달라지고, 화가 누그러지고, 상대가 화를 못 내게 됩니다. 그것이 말투의 힘입니다. 말투는 감정 언어이기에 말 한마디로 상대의 기분을 좌지우지합니다. 그래서 저는 부부관계, 애인관계, 친구관계 모두에 적용될 '말투 디자인'을 연습하길 권합니다. 상대가 듣고 싶어 하는 언어를 사용하여 나를 좋은 사람으로 포장하고, 무엇보다 내가 원하는 것을 정확히 전달하는 것은 중요한 대인관계 스킬

이기 때문입니다. 아래에 정리한 말투 디자인을 통해 관계가 바뀌고 사랑스러운 사람으로 변화하기 바랍니다.

✓ 부탁형 말투 Yes, 명령형 말투 No

- 이것 좀 치워라. ▸ 이것 좀 치워 줄래?
- 유현이 너! 이거 할 때까지 못 자! 알았어? 몰랐어?
  ▸ 유현이가 1시간만 문제 더 풀면 좋겠는데.

✓ 상대를 치켜세우는 말투

- 캬~, 역시~, 네 덕분에, 네가 말한 대로, 네가 있어서.

✓ 상대를 인정하는 말투

• 에이, 그건 아니지. 이게 맞지.

▸ 네 말도 일리가 있어. 그런데 나는 이렇게 하는 게 맞아 보여.

✓ 말끝을 확실히 하고, 흐지부지하지 않기

✓ 초부정적인 단어는 다른 단어로 치환하기

• 너는 이게 '문제'야!

▸ 너는 이게 아쉬워. 너는 이걸 추가하면 좋아 보여.

✓ 불안감을 조성하여 상대방에게서 원하는 결과를 얻기

• 잔디에 들어가지 마세요.(×)

▸ 소독약이 옷에 묻을 수 있으니 들어가지 마세요.(○)

✓ 선택지를 주고 자기 의지로 바꾸게 하기

• 양말 신으면 밖에 나가 놀 수 있어.(이렇게 하면 신지 않는다.)

▸ 자, 뽀로로 양말 신을까? 상어 가족 양말 신을까?(신

는다는 것은 기저에 깔고, 선택지를 줘서 고르게 한다. 상대는 자신도 모르게 양말을 고르고 있을 것이다.)

✓ 칭찬은 가벼운 느낌이 들되 '구체적'으로 하기

- **좋았어.** ▶ 아까 센스 있게 준비한 커피 아주 좋았어.

✓ 구체적으로 부탁하기

- 어휴, 머리 좀 잘라라.

  ▶ 너는 연예인 김○○처럼 짧은 머리가 잘 어울리는 것 같아.

✓ 항상 부정 그리고 긍정의 순으로 말하기

- 말의 순서가 관계를 조절한다. 원하는 것을 뒤에 하라.
- 디자인은 마음에 드는데, 색깔이 별로네요.(A 〉 B)

  ▶ 색깔은 별로지만, 디자인이 마음에 드네요.(A 〈 B)

✓ 내 의견을 전달하기 전에, 항상 상대방을 인정하는 언어를 쓰기

  ▶ 그 말에도 일리가 있습니다. 그런데,

  ▶ 그렇게 생각할 수도 있어요. 맞아요, 그런데,

  ▶ 당신의 말에 어느 정도는 동의합니다. 충분히 그럴 수 있어요.
     그런데,

▸ 당신이 방금 한 말은 매우 중요한 말이고 적극적으로 동의합니다. 그런데,

✓ 결론부터 말하는 습관을 갖기, 핵심만 간단히 말하기

✓ 모욕을 받으면 대응과 복수보다 무시하는 것이 지혜롭다. 어차피 안 통하는 법이다
  • 분노는 순간적인 광기일 뿐이다. 분노에서 나오는 말에 대응하지 말라.
  • 아무리 누군가 내뱉는 '말'이더라도 '가짜 말', '진심이 아닌 말'일 확률이 꽤 높다.

✓ 진정한 대화의 기술은 맞는 말을 적시적소에 하는 것이지만, 안 맞는 곳에서 하지 말아야 할 말을 불쑥 하지 않는 것까지 포함한다

✓ 말은 칼, 망치라고 상상해 보라. 상대방에게 함부로 휘두르면 위험하다

✓ 상대방의 바람을 그대로 다시 말하며 완화시키기
  • 오늘 오전 중에 물건을 배달해 드릴 수 없습니다. 죄송합니다.
    ▸ 저도 오전 중에 주문하신 물건을 배달해 드리면 좋겠는데

그럴 확률이 조금 낮으니 이해 부탁드립니다. 하지만 최선은 다해 보겠습니다.

('~하기를 바랍니다', '~했으면 좋겠습니다'로 치환하는 것이 중요하다.)

✓ 거절하더라도 관계가 훼손되지 않게 하는 법
- 잠깐 생각할 시간이 필요해. 생각할 시간을 몇 시간, 며칠 줄 수 있니?

✓ 거절은 공손히 하기
- 당신이 성공하기를 바랍니다. 저는 이미 다른 일에 도움을 주고 있어서요. 양해 부탁드립니다.

✓ 상대의 분노를 인정하기
- 네 입장에서 보면 충분히 그럴 수 있겠다는 생각이 들어.

말투 기술로 여러분이 충분히 토론 잘하는 사람, 경청 잘하는 사람, 설득 잘하는 사람, 발표 잘하는 사람, 말 잘하는 사람이 될 수 있으니 꼭 연습하기 바랍니다. "쌤, 쌤 말대로 말투만 바꾸었더니 관계가 확 좋아졌어요." 제가 괜히 이런 말을 듣는 게 아닙니다. 저를 믿고 이대로 꼭 해 주기 바랍니다. 예절은 전통적 꼰대 예절이 아닌 사람들의 신뢰를 얻는 가장 기본적인 매너임을 명심하고 인사와 말투! 딱 2가지만 기억하세요.

앤디 쌤의 KEY POINT

- 인사를 할 때는 내가 먼저, 상대방 눈을 보고, 큰 목소리로, 웃으면서 하라.
- '말투' 하나로 토론 잘하는 사람, 경청 잘하는 사람, 설득 잘하는 사람, 발표 잘하는 사람, 말 잘하는 사람이 될 수 있다.

MISSION 🎯
내가 고쳤으면 하는 말투, 앞으로 사용할 말투

3개만 적어 보기

주위 사람들에게 사랑받고 싶다면
'이것'을 해야합니다

"둥글게 넘어가세요."

"가끔은 져 주세요."

"말을 둥글게 받아치세요."

MBC〈놀면 뭐하니?〉의 유재석이 친한 사람들과 함께 휴가를 간 적이 있습니다. 그때 초대한 사람이 이광수, 조세호, 지석진인데요, 서로 얼굴을 보자마자 빵 터지며 재미있어하던 장면이 생생하게 떠오릅니다. 제가 볼 때 유재석이 초대한 사람들은 공통점이 있습니다. 놀려도 예민하게 반응하지 않고 둥글둥글하게 넘어가며 상대방에게 져 주는 사람들입니다. 유재석은 이 사람들과 있으면 아무것도 안 해도 즐겁고 행복하다고 하는데 왜 그런지 이해가 갑니다.

마찬가지로 JTBC〈아는 형님〉과〈신서유기〉를 보면 "아, 호동이

형! 가마 이써! 가마 이써!"하면서 호랑이 같은 강호동이 동생들에게 놀림을 당하고 제지를 당합니다. 강함, 힘의 상징이었던 강호동이 어느 순간부터 자신이 샌드백이 되며 웃음을 유발하고 있습니다. 당연히 시청자들은 그 모습에 까르르 좋아합니다. 그가 이렇게 변한 이유는 방송인으로서 정체기가 왔을 때 주위와 잘 어울리고, 져 주는 사람을 대중이 좋아하는 것을 알게 되었기 때문입니다. 그 이후 강호동 씨는 자신을 재료 삼아 마음껏 요리하라고 동료들에게 부탁했고 그렇게 또다시 방송인으로서 반등에 성공할 수 있었습니다.

유재석이 좋아하는 사람들의 특징

가끔 강의 현장에서 인간관계에 관한 질문을 받을 때가 있습니다. 그럴 때 저는 유재석이 좋아하는 사람들처럼 살아 보자고 합니다. 너무 바른말만 하지 말고, 너무 완벽하려 하지 말고, 실수나 의견충돌이 있을 때 둥글게 넘어가 주고, 내 주장만 강요하지 말고, 남을 지나치게 구체적으로 타박하지 말자고 합니다. 또, 잘잘못을 깊게 따지지 말고, 너무 목표만 생각하며 동료를 압박하지 말고, 안 좋은 것을 들었다면 못 들은 척하라고 합니다. 무엇보다도 주위 사람들과의 관계에 너무 예민하지 않고 둥글둥글하게 지내며 적당히 넘어가는 사람이 되라고 말이지요.

여러분에게 숙제를 내주겠습니다. 이 책을 읽고 나서 꼭 tvN 〈유 퀴즈 온 더 블럭〉, SBS 〈런닝맨〉, MBC 〈놀면 뭐하니?〉를 찾아보기 바랍니다. 그리고 유재석이 놀리고 말 끊을 때 조세호, 이광수, 지석 진이 어떻게 반응하는지 살펴보고 그대로 따라 해 보기 바랍니다. 그들의 대사만 보는 게 아니라 목소리 톤, 표정, 웃음을 섞으며 어 떻게 반응하는지 등을 꼭 보기 바랍니다. 꼭 봐야 합니다. 조세호처 럼 억울해하며 그의 말을 똑같이 따라 해 보고, 이광수처럼 어이없 어하며 표정과 말을 따라 해 보고, 지석진처럼 웃으면서 리액션을 해 보기 바랍니다. 그렇게 똑같이 해 보기 바랍니다. 그럼 둥글게 넘어가는 상황이 이해가 되고, 어떻게 해야 둥글게 넘어가는지 온 몸으로 이해될 것입니다.

세상을 살다 보니 사람과의 관계만 원만해도 찐행복이 오는 것을 확인할 수 있는데요, 저도 많은 실수와 시행착오를 겪다 보니 왜 둥근 것이 좋은지 이제 이해가 되고 과거의 행동이 후회스럽습니다. '그때 내가 좀 더 둥글게 했더라면, 내가 말투를 더 예쁘게 했더라면, 내가 그때 반응하지 않고 넘어갈걸' 하며 후회합니다. 지나치게 똑 부러져도 적이 생기는 법이고, 시시비비를 너무 따져도 주위 사람이 피곤해지고, 말과 행동을 공격적으로 하는 바람에 관계가 악화되는 경우가 많습니다. 저 역시 그러했습니다.

인생을 결정하는 행동들

《돈의 속성》이라는 책을 쓴 김승호 작가는 "인생은 내가 어떤 반응을 선택하는지에 따라 완전 달라진다"고 했는데, 이 말에 100% 동감합니다. 인생의 대부분은 내가 A, B, C 등 여러 행동 중 하나의 행동을 어떻게 하느냐에 따라 결정되기 때문입니다. 가령, 고백을 받을 때 거절할지 받아들일지, 화가 난 상황에서는 참을지 화를 낼지 선택에 따라 결과가 달라집니다. 또, 친구에게 조

언할 때 부드럽게 말투를 쓸지, 충격요법을 위해 사이다처럼 톡 쏠지 등 어떤 선택을 하느냐에 따라 완전 달라집니다.

그래서 저는 유재석이 좋아하는 사람들처럼 여러분 역시 둥글게 넘어가고, 부드럽게 말하는 훈련을 하기를 바랍니다. 10대 때부터 감정을 컨트롤하고, 마찰이 일어날 상황을 지혜롭게 넘어가는 훈련이 몸에 배이면 어른이 되어서도 슬기롭게 위기를 넘길 수 있기 때문입니다. 성인의 분노조절장애, 성인의 마찰은 대부분 화를 참지 못하고, 자기중심적으로 사고하기 때문에 생기는 경우가 대부분입니다. 이를 위해 꼭 10대 때부터 충분히 미리미리 연습하고 이로 인해 성인이 되어서도 이런 성격장애가 나타나지 않도록 해야 합니다.

제가 괜히 둥글게 살라고 하는 것이 아닙니다. 세상에 나오는 순간 모든 사람이 적이 될 수도 있지만 내가 어떻게 하느냐에 따라 적이 내 친구, 내 편이 될 수 있습니다. 다른 걸 다 떠나서, 세상 모든 사람들은 둥글둥글하고, 잘못해도 넘어가 주고, 인간적으로 배려하는 자세를 가진 사람을 좋아하지, 딱딱하고, 지나치게 논리적이고, 표현이 차갑고, 완벽이 아니면 오류라 생각하

는 사람을 좋아하지 않습니다. 꼭 이광수, 조세호, 지석진을 관찰하고 그대로 따라서 말하고 대응해 보기 바랍니다.

- 사람과의 관계만 원만해도 찐행복이 온다.
- 인생은 내가 어떤 반응을 선택하는지에 따라 완전 달라진다.

MISSION

〈놀면 뭐하니?〉 29회 '포상휴가' 편, 〈런닝맨〉,
〈유 퀴즈 온 더 블럭〉 꼭 찾아보고 따라 해 보기

연애하고 결혼할 때 감성보다
이성적인 조건을 조금 더 중시하자

사실 인생에는 중요한 시기와 중요한 요소가 정해져 있습니다. 어떤 대학에 가고, 어떤 전공을 하고, 어떤 직업을 가지고, 어떤 배우자를 만나느냐에 따라 인생이 달라지는 것입니다. 특히 학부모 특강에서 '어떤 배우자를 만나느냐에 따라 인생이 180도 달라진다'고 하면 큰 웃음과 박수가 나오는데 아마도 많은 분들이 공감하는 부분일 겁니다. 마찬가지로 여러분도 어떤 부모를 만나느냐에 따라 인생의 대부분이 바뀌는 것이 사실입니다.

그런데 한번 생각해 봅시다. 대학, 전공, 직업은 이성적으로 꼼꼼

2020 이상적 배우자의 모습

이상적인 남편		이상적인 아내
178.5cm	신장	163.4cm
5,749만 원	연소득	4,328만 원
2억 7,795만 원	자산	1억 9,761만 원
1.8세 연상	연령 차이	2.6세 연하
4년제 대졸	학력	4년제 대졸
공무원·공사	직업	공무원·공사
성격 〉 가치관 〉 경제력	중요 사항	성격 〉 가치관 〉 외모

출처: 듀오

히 정하는데 여러분이 사람을 만나는 데는 왜 이성적이지 못할까요? 왜 그럴까요? 바로, 사람의 조건을 보면 나쁜 사람이라고 교육을 받아 왔고, 조건을 따지면 속물이라고 욕을 먹기 때문입니다. '사람은 꽃보다 아름다운 법이야! 나쁜 사람은 없어! 어떻게 사람을 그런 것으로 평가하고 구별해서 만나니? 너 나쁜 애구나?' 하는 것처럼 말이지요.

잠깐만 냉정히 생각해 봅시다. 이것이 정말 나쁜 태도이고, 사람이 해서는 안 될 일인가요? 앞으로 50년을 함께 살 사람이고, 남이 아닌 내 인생인데, 왜 남의 눈치를 봐야 할까요? 내가 힘들 때 나 대신 해 줄 것도 아닌데 왜 이리 쿨한 척 말을 많이 할까요?

여러분은 이성적인 조건을 따지는 것이 절대 나쁜 일이 아님을 분명히 알아야 합니다. 저는 조건을 보는 것이야말로 동물과 달리 인간만이 가진 '높은 이성 능력의 실현'이라고 생각합니다. 왜냐하면 배우자의 조건을 보는 것은 누군가와 함께 살 60년 인생에 대한 매우 중요한 '사건'이고 선택이기 때문입니다. 어떤 통계에 의하면 중매로 결혼한 커플보다 연애로 결혼한 커플의 이혼 비율이 3배나 높다고 합니다. 직설적으로 말하면 이성적 조건을 보고 결혼한 커플이 통계상으로는 이혼 확률이 훨씬 낮다는 말입니다. 물론 이 말들은 무조건 조건만 보고 결혼하라는 말이 아닙니다. 아래에 바로 이어 설명하겠지만 감정과 감성, 사랑, 연대의식, 책임감 등 무형적인 가치가 이성과 균형이 잘 맞아야 한다는 것입니다. 강조하고 싶은 포인트는 이성적 조건을 보는 것을 많이 끌어 올려 상대방을 보라는 것입니다.

세상과 사람을 균형적으로 바라보는 '이육감사'

그래서 저는 '이육감사'를 강조합니다. 이육감사란 이성을 육십 퍼센트, 감성을 사십 퍼센트로 세상과 사람을 균형적으로 바라보라는 것입니다. 너무 이성적이어도, 너무 감성적이어도 안 되므로 이

성의 비율을 감성보다 조금 더 높여 상대를 바라보라는 것입니다. 팁을 주자면 이성을 고려할 때 내가 사장이 되어 신랑, 신부를 인수 (M&A)한다고 생각하면 좋은 결정을 할 수 있습니다. 기업과 기업이 합병해서 시너지가 날 상황이 뭐가 있을까? 우리 둘이 합병하면 미래가 더 창창할까? 하는 것을 이성적으로 따져 보자는 것입니다. 그래서 상대방의 품성, 건강 상태, 재무 상태, 가치관, 삶의 태도, 집안의 배경 등을 꼼꼼하게 살펴보라는 것입니다. 상대의 장점을 보면 함께 했을 때의 미래가 대충 보이기 때문입니다.

> **연애 및 결혼 상대를 볼 때 고려해야 할 사항**
> - 개인 재산, 집안 재산, 집안 환경, 양가 부모님 성격과 성향, 건강 상태, 자라온 환경
> - 외모, 직업, 성격, 지능, 몸매, 얼굴, 가치관, 공감 능력, 돈 씀씀이, 긍정/부정적인지, 예의범절
> - 미래 계획, 자녀 계획, 은퇴 후 계획, 연애 경험

이렇게 말하면 누군가는 저에게 "저저 물질론자, 저저 메마른 사람"이라고 할 수도 있지만, 저는 누구보다 사람들이 이혼하지 않고, 모든 사람들이 행복하게 잘 살기를 바라는 사람입니다. 아마 세상은 점점 제 말처럼 이성을 중시하고 조건을 구별하는 사회로 진입

할 것입니다. 저는 진심으로 여러분이 돈 걱정 없으면 좋겠고, 성격 차이로 싸우지 않기를 누구보다 바랍니다.

사랑은 정신적 교감이자 화학작용인 만큼 꼭 이성적인 조건과 감성적인 느낌이라는 균형을 잘 맞추며 사랑하면 좋겠습니다. 그래야 알콩달콩 행복하게 살 확률이 조금 더 높아지고 '결혼 괜히 했어. 그때 그 사람과 잘 만날걸' 하며 후회하지 않을 것입니다.

여러분! 결혼은 매우 중요한 결정입니다. 남의 말에 휘둘리지 말고, 감정에만 휩쓸리지 말고 이성적인 조건을 꼭 같이 살펴보기 바랍니다. 세상은 감정만으로 살아가는 공간이 아니기 때문입니다.

앤디 쌤의 KEY POINT

- 배우자의 조건을 보는 것은 누군가와 함께 살 60년 인생에 대한 매우 중요한 '사건'이다.
- 누군가를 사랑할 때 이성적인 조건과 감성적인 느낌의 균형을 잘 맞추는 것이 무엇보다 중요하다.

MISSION
내가 원하는 배우자의 조건 적어 보기

#공부와 꿈 #성장과 성공 #돈 #사람 #세상 #행복

세상에
대하여
알게 된 것들

Wish I Had Known
Before Graduation

한국식 겸손을
멀리해야 합니다

(칭찬을 받고) "어휴~ 아니에요. 저 말고도 누구나 할 수 있는 일인
데요."

"제가 잘 했다기보다 저를 도와주는 사람들이 함께 해 준 덕분이
에요."

"자, 질문 있는 사람?" (침묵)

한국 학생들의 특징은 참 착하고 조용하다는 것입니다. 상대에게
피해가 갈까 봐 웬만해서는 질문도 하지 않고, 좋은 것은 나누라고
배워서 그런지 자신이 세운 공로도 친구, 가족, 동료와 함께 했다고
말합니다. 어릴 때부터 우리는 왼손이 한 일은 오른손이 모르게 하
라고 배워 왔고, 잘한 것은 자랑하지 말며, 공을 남에게 돌리라 배
워 왔기 때문입니다. 또 어떤 경우는 오히려 공로를 부정하고 숨기

라고 배워 왔으며, 괜히 나서지 말라고, 튀지 않는 것이 제일 좋다
고도 배워 왔습니다. 분명, 당당함과 오만함이 다르고, 자신감과 자
만이 다르고, 겸손과 부정이 다름에도 우리는 세계화와 맞지 않는
'한국식 과한 겸손'을 계속 배워 온 것입니다.

자신의 브랜드 가치는
스스로 높이자

MBC 〈라디오스타〉에 나온 야구선수 김광현이 이런 말을 했습
니다. "누가 봐도 제가 잘해서 이긴 경기에서 포수가 잘해서 이겼

다는 식으로 인터뷰를 한 적이 있어요. 나중에 구단 관계자가 찾아와 앞으로는 절대 그렇게 이야기하지 말라고 조언해 주고 가더라고요. 알고 보니 미국은 선수 개개인을 브랜드로 보기 때문에 자신의 브랜드 가치를 절대 깎지 말라고 한 의미더라고요."

저 역시 "제 강의는 시간을 초과해서라도 더 해 달라는 분들로 가득 찹니다. 그럴 정도로 만족도와 몰입도가 높습니다"라고 셀프 어필을 자주 합니다. 왜 그럴까요? 이것이 사실이기도 하지만 무엇보다 제 강의의 신뢰도를 높이고 '나'라는 사람의 몸값을 올릴 수 있는 방법이기 때문입니다. 그래서 저는 "한국식 겸손을 멀리하세요! 지금은 자기 표현의 시대입니다"라고 자주 말합니다. 지금은 나를 기술적으로 잘 드러내는 것이 중요합니다. 즉, 플렉스, 스웨그, 나다움의 발산, 매력적인 자기 자랑으로 먹고사는 시대이기 때문입니다.

그래서 선배들의 입을 빌려 꼭 3가지만 부탁하고 싶습니다.

첫째, 제발 자기 장점을 어필하고 자랑하기 바랍니다.
둘째, 제발 질문 좀 많이 하기 바랍니다.
셋째, 제발 자기 의사를 적극적으로 표현하기 바랍니다.

장담하는데 여러분이 이 3가지를 하면 세상은 여러분을 매력 있는 사람, 적극적인 사람, 능력 있는 사람으로 인식하며 서로 데려가려고 할 것입니다. 정말입니다. 조용하고, 표현 안 하고, 가만히 있는 사람은 잘 뽑지 않습니다. 손 들고 질문하고 의사표현만 잘해도 상대방은 여러분을 '음, 적극적인 친구군. 똑 부러지는 사람인데?'라고 생각할 것입니다.

물론 오해해서는 안 됩니다. 동서양 모두 자뻑하는 인간, 부풀려서 말하는 사람은 뒷담화의 대상이 되고, 재수 없다고 생각하기 때문입니다. 사람 사는 것? 공간이 달라도 똑같습니다. 그저 우리가 잘한 것을 부정하고 감추기보다는 인정할 것은 인정하면서 다른 사람의 공 역시 인정하는 균형 잡힌 겸손을 보여야 하는 것입니다.

가령 "정말 최선을 다한 결과이기에 저 스스로 자랑스럽습니다. 하지만 여기까지 오는 데 제 동료들의 덕이 있었다는 것 또한 꼭 말하고 싶네요"처럼 내가 잘한 것은 맞지만, 동료들 덕분이라고 어필하자는 것입니다. 세상이라는 바다는 넓고 우리의 배는 아주 작으니 겸손한 자세를 취하되, 제대로 된 글로벌 겸손으로 내 장점과 브랜드를 깎아내리지 않도록 합시다. 여러분은 충분히 잘났습니다.

(칭찬을 받고) "감사합니다. 제가 이렇게 할 수 있었던 것은 우리 가족 덕분입니다."

"아마 제가 우리나라에서 제일 섬세하게 만드는 사람일 거예요. 품질 하나는 자신 있습니다."

"자, 질문 있는 사람?" (저요 저요!) "좋아요, 거기 질문 하세요!"

앤디 쌤의 KEY POINT

- 여러분은 충분히 잘났다.
- 자기 장점을 어필하고 자랑하자.
- 질문을 많이 하자.
- 자기 의사를 적극적으로 표현하자.

MISSION 🎯
내가 생각하는 나의 매력 및 장점을 5개만 적어 보고
스스로 흡족해하기

원래 세상은 큰 틀에선 불공평하고, 작은 틀에선 공평한 공간입니다

세상이 큰 틀에서 불공평하다는 예시

- 선진국에서 태어난 사람과 후진국에서 태어난 사람
- 부잣집에서 태어난 사람과 가난한 집에서 태어난 사람
- 질병 없이 태어난 사람과 질병을 가지고 태어난 사람
- 키가 큰 사람과 키가 작은 사람, 살이 잘 찌는 사람과 살이 잘 안 찌는 사람
- 공부머리 DNA를 물려받은 사람과 그렇지 못한 사람

위 사람들은 부모의 사랑으로 태어났지만 외모(키, 몸무게 등), 국가, 고향, 성별, 질병, 특별한 재능을 선택하지 못했습니다. 가정환경, 집안의 재산, 친척도 자신이 선택할 수가 없었습니다. 실제로 세이브더칠드런, 굿네이버스, 유니세프 등에서 후원하는 아이들

을 볼 때면 안타까움에 세상이 정말 불공평하다고 느낄 때가 많습니다.

세상이 작은 틀에서 공평하다는 예시

- 서민 가정에서 태어났지만 재테크를 통해 30억 자산가가 된 청년 A
- 꿈이 막연했지만, 꿈이 분명한 친구와 함께 식당을 창업하여 지금은 프랜차이즈 대표가 된 청년 B
- 경력단절 여성이었지만 육아 아이디어로 국가 지원을 받아 제2의 인생을 살고 있는 창업가 주부 C
- 중학교 때까지 공부를 못했지만, 교회를 다닌 뒤 고등학교 이후 성적이 급상승한 청소년 D
- 수십 년간 만성위염을 가지고 있었지만, 꾸준히 양배추즙을 먹으며 거의 완치된 나
- 몸이 마른 멸치형이었지만, 5년 넘게 헬스를 하며 몸을 키운 사람 E

위 사람들은 스스로의 노력으로 인생을 완전히 바꾼 경우입니다. 가령, 키를 약간은 늘릴 수도 있고, 이 악물고 다이어트를 하거나, 꾸준한 운동으로 몸짱이 될 수도 있습니다. 또, 건강도 관리를 잘 하면 충분히 개선될 수 있으며, 공부머리 역시 서울대는 못 가도 인서울 대학부터 지방국립대는 충분히 갈 수 있습니다.

여러분이 꼭 알았으면 하는 것이 있습니다.

세상은 분명 불공평한 것이 맞지만 100%

불공평하지는 않다는 사실입니다.

이 말은 우리가 어떻게 생각

하고 행동하느냐에 따라 인

생과 운명은 충분

히 바뀔 수 있다

는 사실을 뜻합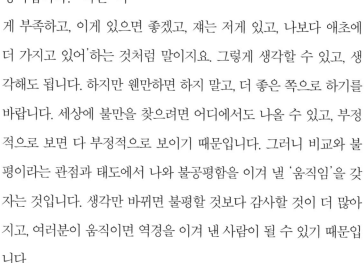

니다. 분명 우리

인생은 아쉬움 투

성이입니다. '나는 이

게 부족하고, 이게 있으면 좋겠고, 쟤는 저게 있고, 나보다 애초에

더 가지고 있어'하는 것처럼 말이지요. 그렇게 생각할 수 있고, 생

각해도 됩니다. 하지만 웬만하면 하지 말고, 더 좋은 쪽으로 하기를

바랍니다. 세상에 불만을 찾으려면 어디에서도 나올 수 있고, 부정

적으로 보면 다 부정적으로 보이기 때문입니다. 그러니 비교와 불

평이라는 관점과 태도에서 나와 불공평함을 이겨 낼 '움직임'을 갖

자는 것입니다. 생각만 바뀌면 불평할 것보다 감사할 것이 더 많아

지고, 여러분이 움직이면 역경을 이겨 낸 사람이 될 수 있기 때문입

니다.

비교, 불평, 체념하는 대신
불공평함을 이겨 낼 '움직임'을 하자

만일 내가 공부를 잘 못한다면 포기하거나 불평하는 대신 공부 말고 다른 쪽으로 잘할 수 있는 것을 찾아 진로를 확장하기 바랍니다. 가령, 헬스, 요가, 턱걸이 중 1개를 정해서 매일 10분씩 1년을 해 보기 바랍니다. 어깨가 넓어지고, 유연성이 좋아지는 등 몸이 완전 달라져 여러분의 생각과 인생을 송두리째 바꿀 것입니다. 제가 장담합니다. 몸이 달라지고, 에너지가 달라지면 주위 사람들이 여러분을 대하는 태도가 달라질 것이고, 이성이 여러분을 바라보는 시선이 달라질 것입니다. 또, 내 몸이 달라지면 그 성취감으로 다른 분야에 도전하기도 더 쉬워집니다. 그때 다시 공부를 시작하면 과거보다 더 성적이 급상승할 확률이 높습니다. 뭔가를 꾸준히 하며 이뤄 낸 성취경험이 있기에 공부도 과거보다 더 잘되는 것입니다. 그렇게 인생이 바뀐 수많은 남학생, 여학생을 저는 정말 많이 보았습니다.

가령, 가난했지만 공부로 성공한 수연, 공부는 잘 못했지만 자신이 좋아하는 미술 분야를 확장하여 광고디자이너가 된 유정, 일찌감치 헤어디자이너로 진로를 정하여 특성화고(미용고)에 진학한 하은, 부모님을 위해 공부를 해야겠다 마음먹고 이 악물고 뒤늦게 공부한 예준, 몸으로 쓰는 체육을 잘해서 군인의 꿈을 이룬 청수 등 너무도 많은 사례가 있습니다.

여러분, 잘된 선배들을 보고 스스로를 믿으며 변화하면 불공평한 세상에서 충분히 인생을 바꿀 수 있습니다. 아직 여러분은 제대로 해 보지 않았을 뿐 제대로 하면 성적이 급상승할 것이고, 꿈이 없어도 분명 잘하는 것, 관심 있는 것을 발견할 수 있습니다. 여러분은 분명 원하는 대학 합격, 50억 부자, 몸짱, 원하는 꿈 등 뭐든 충분히 할 수 있습니다. 여러분의 선배와 친구가 그렇게 변화했듯이 불공평해 보이는 세상을 꼭 이겨 내기 바랍니다.

끝으로 세이브더칠드런, 굿네이버스, 유니세프 등에 나오는 사연을 보며 나의 환경에 감사하기를 바랍니다. 그리고 용돈의 일부를

기부해 보기 바랍니다. 그럼 세상의 불공평함도 더 잘 느껴질 것이고, 여러분이 나중에 환경이 어려운 사람들을 도와야겠다는 동기부여가 더 생길 것이기 때문입니다. 저는 여러분이 꿈을 이루고, 더 잘돼서 누군가에게 도움을 주는 사람이 되기를 소원합니다. 그렇게 선한 영향력을 끼치면서 살아가기 바랍니다.

앤디 쌤의 KEY POINT

- 어떻게 생각하고 행동하느냐에 따라 인생과 운명은 바뀔 수 있다.
- 생각을 바꾸면 세상은 불평할 것보다 감사할 것이 더 많다.

MISSION 🎯

네이버 '해피빈' 사연자에게 1,000원 기부해 보기

'균형'이 있는
인생을 살기를

딘딘, BTS, 아이유, 슈퍼주니어 규현, 나얼, 사이먼 도미닉, 지코, 비비

여러분은 이 가수들의 공통점을 뭐라고 생각하나요? 저는 '균형 감'이라고 봅니다. 이들은 예능과 음악, 연기와 음악을 균형감 있게 하는 사람들입니다. 또, 이들의 음반은 대중성 있는 곡, 실험적인 곡, 자신이 하고 싶은 곡, 대중이 원하는 곡이 골고루 들어 있습니다.

BTS를 예로 보면, 아이돌 그룹이라고 하기에는 센 힙합앨범을 사이퍼 형식으로 발매하고, 타 가수의 정통힙합에 피처링으로 계속 참여하고 있습니다. 그러면서도 자신들 앨범은 굉장히 대중적인 K-pop 음악을 하며 자신들의 넓은 음악 역량을 마음껏 펼치고 있

습니다. 아이유 앨범은 어떨까요? 대중적이고 신나는 음악도 하지만, 조용한 음악도 내고, 자신이 좋아하는 선배들의 리메이크 앨범을 만드는 등 균형성이 아주 잘 잡힌 음반을 내며 대중과 소통하고 있습니다.

아이돌 그룹 안에서도 각자 역할이 균형적으로 있음을 발견하기 바랍니다. 어떤 멤버는 개그 전문, 어떤 멤버는 얼굴이 예쁘고 잘생겨서 연기돌, 또 어떤 멤버는 랩 전문입니다. 모두가 보컬이 되고, 모두가 래퍼가 되면 대중의 사랑을 받기 어렵기 때문입니다.

'욜로'도 맞고, '골로'도 맞다

또 다른 예를 들어 보겠습니다. 한동안 욜로(YOLO_You only live once)라는 단어가 전국에 유행했습니다. 제가 알기로 욜로의 원래 뜻은 '당신의 인생은 오직 한 번뿐이니 가치 있고, 의미 있게 살라!'가 아니라, '인생 한 번뿐이니 질러 보자!'라는 뜻입니다. 가령, '야! 건물과 건물 사이 뛰어넘지 마. 위험해!' 하면 '뭐래? 야! 인생 한 번이야. 확 질러! 인생 뭐 있냐!' 이런 느낌입니다.

어쨌든 좋은 의미의 욜로가 한국에 유행하면서 우스갯소리로 반대말인 '골로'가 나왔습니다. 골로는 '너무 욜로를 추구하면서 지금만 생각하며 살면 나중에 골로 간다'는 뜻입니다. 저는 욜로를 말하는 이들도, 골로를 말하는 이들도 모두 옳다고 봅니다. 분명 10대도 한 번, 20대도 한 번, 30대도 딱 한 번이기에 그 순간을 소중히 여기는 욜로도 분명 맞기 때문입니다. 정말로 젊음은 다시는 돌아오지 않습니다. 탱탱한 피부, 짐승 같은 체력, 세상 뭐든 다 할 수 있을 것 같은 자신감도 점점 사라집니다. 그러니 꼭 한 번뿐인 인생을 '후회' 없이 살았으면 좋겠다고 하는 것은 분명 옳습니다.

하지만 앞서 말한 '골로'처럼 너무 오늘만 생각하면 한 치 앞도 모르는 미래를 무대책으로 맞이하게 됩니다. 가령 늙어서 돈을 빌리고 살거나, 원하는 것을 못 먹거나, 계속 이사를 다녀야 하거나, 뭔가를 못 가지게 됩니다. 또 안정적인 직업을 갖지 못하거나, 주위에서 눈치를 주거나 잔소리를 들을 확률도 커집니다. 그런 아쉬움을 스스로 합리화하며 포장하는 인생을 살아갈 수도 있습

니다.

그러므로 우리는 욜로라는 좋은 철학과 문화는 잘 받아들이되, 골로라는 선배들의 걱정 역시 균형 있게 받아들여야 합니다. 지나 친 욜로도, 지나친 골로도 아닌 적당히 즐기되, 하루하루 최선을 다 하며 현재와 미래를 대비하는 삶의 자세를 지녀야 하는 것이죠.

이는 단지 욜로와 골로 같은 철학을 나타내는 것뿐만이 아닙니 다. 제가 현장에서 강조하는 '꿈과 현실의 균형을 맞추는 것'과도 일치합니다. 너무 이상적으로 살지도 말고, 너무 현실적으로만 생 각하지도 않아야 합니다. 꿈만 추구하고 살다 현실의 냉랭함, 먹고 살 생계를 놓치는 사람들이 너무도 많고, 또 너무 현실적으로 일만 하다가 인생의 방향과 삶의 가치는 잃어버린 채 돈 버는 기계 같은 삶을 사는 선배들도 많기 때 문입니다.

마찬가지로 '일과 여가의 균형', '친구 와 가족의 균형' 등 균형 잡힌 삶을 통해 어느 한쪽으로 치우치지 않으며 행복을 추구하기 바랍니다. 살다 보니 한쪽에 치우치는 사람들은 뭔가를 이루어도 나중에 외로움을 느끼거나 후회하거 나 불안함에 떨게 됨을 발견했기 때문입니다. 다시 한번 강조합니다. '균형' 있는 삶을 살아서 나중에 후회하지 않기 바랍니다.

- '욜로'라는 좋은 철학과 문화는 잘 받아들이되, '골로'라는 걱정 역시 균형 있게 받아들이자.
- 적당히 즐기되, 하루하루 최선을 다하며 현재와 미래를 대비하는 삶의 자세를 지녀야 한다.
- 일과 여가의 균형, 친구와 가족의 균형 등 '균형' 잡힌 삶을 살아야 나중에 후회하지 않는다.

MISSION
내가 생각한 우리나라 최고의 균형감 있는 가수(그룹 포함)는 누구인지 적어 보기

과거에 집착하지 말고,
미래지향적이 되기를

Mnet 〈쇼미더머니 9〉에 괴물 래퍼 스윙스가 참가자로 나왔습니다. 자신을 퇴물이라고 한 댓글을 보고 스스로에게 도전하기 위해 나왔다고 했는데, 자신의 무대를 도와줄 사람으로 '쌈디'를 불렀습니다. 그런데 이 둘은 수년 전 〈컨트롤 비트〉라는 희대의 음원 싸움을 벌인 적이 있는 앙숙이었습니다. 한 무대에 설 일이 없을 거라 봤기에 그 무대는 대단한 화제가 되었습니다.

"과거는 밥 먹여 주지 않는다. Let's leave it all behind. 난 스윙스와 다시 예전으로 돌아갈 수 없는 것을 안다. 그런데도 이렇게 하는 이유는 솔직히 다 돈이 되니까 하는 거다. 옛정 땜에 한다는 것은 거짓말이다. 이왕 하는 거 스윙스가 잘되면 좋겠다."

피처링에 나선 사이먼디는 과거보다 현재와 미래에 초점을 맞추어 살아야 한다며 최고의 피처링을 함께 했습니다.

미래형 인간이 되자

저 역시 현장에서 늘 강조합니다. '미래형 인간이 되자. 지나간 것은 생각하지 않는 습관을 길러야 한다'고 말이죠. '아, 그때 잘 했어야 했는데. 에휴⋯⋯.' '그때 잘 했다면 이렇게 안 되었을 텐데.' '그때로 돌아갈 수 있다면 좋을 텐데.' 이러한 과거형 생각을 철저히 멀리해야 합니다. 현재에 그대로 머물러 있거나, 새로운 시도를

안 하거나, 변화 없이 과거의 패턴대로 스스로를 붙잡고 있는 경우를 지금부터 당장 버려야 합니다. 이런 사람들은 찬란한 과거나 아쉬웠던 순간 위주로 담소를 나누고, 과거의 추억과 회상을 인생의 낙으로 사는 것입니다. 과거형이 되어서는 안 됩니다. 미래형 사고를 해야 하고, 미래형 언어를 계속 사용해야 합니다.

저는 부정형 사람보다 긍정형 사람, 과거형 사람보다 미래형 사람, 앉아 있는 사람보다 움직이는 사람이 더 행복할 확률이 높을 것이라 단언합니다. 과거의 아쉬움에 매여 있는 사람과 달리 미래 지향적인 사람은 움직이면 돈이 되고, 더 나아지고, 원하는 것을 얻게 되고, 하면 재미있으리라는 것을 알기에 계속 시도하고 도전합니다. 새로운 곳으로 나가고, 새로운 사람을 만나고, 새로운 일을 벌이면 나에게 '플러스'가 되는 것을 알기 때문에 당연히 과거를 신경쓸 여유가 아예 없는 것입니다.

미래를 대비하는
삶의 자세

가령, 유튜브를 보더라도 과거형 프로그램(지난 드라마, 예능, 뉴스)을 보기보다는 미래형 프로그램(신규 콘텐츠, 신기한 콘텐츠, 다양한 시각의 콘텐츠)을 보고, 새로운 어플이 나오고 새로운 제품이 나오면 계속 그것을 써 보기 바랍니다. 그리고 대기업에서 어떤 아이템을 런칭하면 먼저 써 보고 정착해 보기 바랍니다.

예를 들어 네이버에서 웨일 브라우저를 런칭하면 일부러 크롬이나 익스플로러 말고 웨일을 써 보는 것입니다. 또, 마켓컬리에서 새벽배송이 나오면 무조건 새벽배송으로 주문해 보기 바랍니다. 비트코인이 출시되면 용돈을 모아서 사 보고, 빅히트, SM 등에서 신인 그룹이 나오면 그 아이돌을 찾아서 덕질해 보는 것도 추천합니다. 그럼 '미래형'이 어떤 것인지 확 느껴지기 때문입니다.

여러분은 항상 미래가 유망한 사람, 미래형 회사, 미래형 유튜브와 친해져야 합니다. 제발 부탁합니다. 전통성보다 미래형, 트렌디한 것들을 계속 받아들이고 흡수하기 바랍니다.

그렇게 이미 벌어진 일, 끝난 사건, 감정, 전통적 사고, 낡은 방식 등에 사로잡혀 과거형 인간이 되지 말고 늘 뭔가를 벌이고, 새로운 사람을 만나려 하고, 새로운 즐거움과 행복의 감정을 느끼는 미래형 인간이 되어 보기 바랍니다. 부모님께는 "저 지금 놀고 있는 거 아니에요. 앤디 쌤이 공부머리 IQ만큼 트렌드 지수 TQ가 중요하다 해서 그거 찾아보고 연습하는 거예요" 하고 신나게 인터넷을 돌아다니고 어플을 찾아보고 유튜브를 보기 바랍니다. 그러다 보면 여러분은 자신도 모르게 미래형 사고와 행동을 하게 될 것입니다.

적당히 즐기되, 하루하루 최선을 다하며 현재와 미래를 대비하는 삶의 자세를 지녀야 하는 것이죠.

앤디 쌤의 KEY POINT

- 미래형 인간이 되려면 미래형 사고를 해야 하고, 미래형 언어를 계속 사용해야 한다.
- 지금은 공부머리 IQ만큼 트렌드 지수 TQ가 중요하다.

MISSION

요즘 떡상 중인 유튜브 **찾아서 신나게 보기**,

요즘 핫한 맛집 **찾아가기**

사회에서 너무
솔직하지 말기를

"A가 공식적인 자리에서 이런 말을 해서 국격을 떨어뜨리고 있습니다."

"B는 너무 사람을 쉽게 평가해."

"C 너무한 거 아니야? 아무리 그게 사실이더라도 사람 바로 앞에서 그런 말을 대놓고 하냐?"

우리 주위에서 사람 간의 갈등, 뉴스에 나오는 '망언', '실언'은 대부분 솔직함 때문에 비롯됩니다. 자신의 의견을 솔직히 말하라고 해서 배운 대로 했을 뿐인데 지나치게 뼈를 때리는 솔직한 말이라 욕을 먹는 경우도 많습니다. 또 힘들고 어려워서 누군가에게 털어놓았는데 관심을 가장하여 '정말 고소하다' '너 그럴 줄 알았다' '내가 뭐라 그랬니?' 하는 말로 돌아오곤 합니다. 그래서 저는 사람들에게 사회에서 너무 솔직하지 말라고 권합니다. 자기 입장에서 선한 의도로 했을지라도 너무 솔직하면 비판과 비난을 받게 될 때가 은근히 많기 때문입니다. 여러분도 공감하지요?

솔직한 것이
좋기만 할까?

가령 못생긴 사람을 못생겼다고 말하는 게 잘못된 것일까요? 맞는 말입니다. 하지만 분명 사회에서는 못생겼다, 키가 작다, 얼굴빛이 안 좋다 등 자칫 부정적인 느낌의 단어를 솔직하게 말했다는 이유만으로 나쁜 사람으로 프레임이 씌워집니다.

저는 개인 블로그, 인스타, 유튜브를 운영합니다. 한번은 블로그에 가수 A에 대하여 "이번 싱글앨범은 매력이 없고 밋밋하다. 했던 방식을 그대로 자기복제만 하는 등 아쉬움이 크다"라고 글을 작성했습니다. 그랬더니 A의 팬클럽에서 단체로 제 블로그에 몰려와 욕을 써 놓았습니다. "네가 A에 대해 알면 얼마나 안다고 이렇게 글을 쓰냐, 우리 귀에는 이번 앨범 최고다, 글 빨리 내려라" 하는 공격과 욕이 한 무더기가 나왔습니다.

처음에는 화도 났습니다. '아니, 내 공간에 내가 글을 쓴 건데 왜 그러지? 나도 그 사람의 10년 넘는 팬인데 이런 글도 못 쓰나?' 그런데 잠시 생각해 보니 그런 사람들은 팬이자 종교처럼 가수를 따라다니는 '이상한 사람들'이기 때문에 상대하면 안 되겠다 싶었습니다. 그래서 바로 글을 지워 버렸습니다. 그리고 차분하게 생각해 보았습니다. '아, 부정적인 것을 솔직하게 쓰면 안 되는구나. 앞으로는 칭찬이나 긍정적인 것은 솔직히 쓰고, 부정적인 것은 비공개 일기로 쓰자'고 깨닫게 되었습니다.

확대되고 왜곡되는
소문의 무서움

비밀을 지키기로 했지만 상대를 생각한다는 명분으로 비밀을 누설하는 경우도 많습니다. "이거 진짜 비밀인데 너 생각해서 하는 말이야. 사실 그거 B가 한 거야. B가 절대 아무한테 말하지 말랬어. 꼭 약속 지켜야 해. 알았지?" 이렇게 말이지요. 쉽게 말해 험담하지 말라, 다른 사람의 이야기를 쉽게 전달하지 말라는 것인데, 사실 이것이 쉽지는 않습니다. 당장 내 옆의 친구가 소중해 보이기 때문입니다.

하지만 살다 보니 모르는 게 약이고, 웬만하면 남의 말을 전달하지 말아야 합니다. 만일 굳이 말을 전달해야 한다면 꼭 해결책을 같이 제시해 주는 것이 좋습니다. "너에 대하여 이런 일이 있는데 네가 이런 방법으로 현명하게 대응하면 좋겠어"라고 하면 그나마 친구를 위해 전달하는 말이 왜곡될 확률이 줄어들 것입니다. 하지만, 분명 전달하다 보면 소문이 확대되고, 바뀌어서 당사자의 귀에 이상하게 도달하기 마련이니 꼭 조심하기 바랍니다. 웬만하면 사람 사이의 일에는 끼지 않는 것이 제일 좋은 법입니다.

> A: 사실 사람들 몰래 토익시험 준비하고 있어요. 괜히 토익 본다고 했는데 점수 안 나오면 창피하잖아요.
> B: 너 들었어? A가 토익시험 준비한대.
> C: ○○님, 들으셨어요? A가 이직 준비하는 거 같던데요? 미리 애기 좀 잘 나눠 보세요.

여러분! 만약에, 굳이 솔직해야 한다면 진심을 포장하는 법, 솔직할 때와 덜 솔직할 때를 구분하는 법, 내 고민과 비밀을 지켜 줄 사람을 구분하는 법, 상대에게 도움이 될 말투로 말하기 등을 따로 연습해야 합니다. 왜냐하면 같은 말도 어떻게 말하느냐에 따라 의미가 달라지고, 어떤 톤으로 말하고, 어떤 타이밍에 말하느냐에 따라 받아들이는 이가 감정적으로 받지 않게 되기 때문입니다.

하지만 말을 아무리 잘하고 포장하고, 듣기 좋게 하더라도 제일 좋은 것은 '말 아끼기'임을 분명히 인식하고 이왕이면 말을 많이 하기보다 들어주는 습관을 탑재하기 바랍니다. 그럼 최소한 말로 인해 상처받거나 비난받을 일은 현저히 줄어들 것입니다.

앤디 쌤의 KEY POINT

- 선한 의도로 말했을지라도 너무 솔직하면 비판과 비난을 받게 될 수 있다.
- 말을 아무리 잘하고 포장하고, 듣기 좋게 하더라도 제일 좋은 것은 '말 아끼기'다.

MISSION 🎯
친구와 대화할 때 일부러 의식하며 '말을 줄여 보기'

쿠크다스 멘탈을
프링글스 멘탈로 강화하길

"기분 나쁜 말을 들을 때가 있어요. 저에게 무례한 행동을 하거나, 과거의 안 좋은 기억이 떠오를 때도 있고요. 그럴 때 멘탈 관리를 잘 해야 해요. 저 사람은 나한테 쓰레기를 버리고 갔는데 내가 왜 그 쓰레기를 내 주머니에 넣느냐 이것이지요. 바로 버리자. 그걸 생각하지 말자."

프로게이머 페이커가 한 말입니다. 저는 위 말에 100% 동의합니다. 상대방이 던진 진심 아닌 쓰레기 같은 말을 내 마음에 담아 둘 필요가 없는 것입니다. "야, 이 ××야! 너 지금 뭐라고 했어? 뭐? 무슨 말을 그렇게 해요? 싸우자는 거예요?"라고 반문하는 것은 '나 쓰레기 만지고 싶어요~ 나 쓰레기와 상대하고 싶어요'라는 말이라는 것입니다.

몇 년 전에 방송인 김구라 씨가 tvN 〈더지니어스〉에 나와 "나는 지금 맛탱이가 완전 갔어"라는 말을 하며 한동안 '맛탱구라'라는 별명을 얻었습니다. 여기서 맛탱이가 간다는 것은 멘탈이 나갔다, 멘붕이다, 정신력이 약해졌다는 것을 의미합니다.

여러분도 앞으로 살다 보면 김구라 씨처럼 맛탱이가 갈 일이 매우 많이 생길 것입니다. 이상한 사람을 만나고, 이상한 상황을 겪고, 생각지 못한 외부 이벤트가 생기거나, 스스로 저지른 실수, 자신의 선택으로 인한 아쉬운 결과 때문에 멘탈이 붕괴되는 것입니다. 반면, 멘탈이 강해서 남들보다 더 좋은 기회를 얻거나 원하는 것을 얻는 경우도 상당합니다.

그럼 이 멘탈을 강화하는 방법을 알려 줘야겠지요?

첫째, '경험'이 많아야 합니다

멘탈이 강한 사람은 뭐든 할 수 있는 'Can' 사고가 강합니다. 할 수 있다는 것은 막연한 자신감일 수도 있지만 해 본 경험이 있다면 당연히 나오는 생각이기도 합니다. 그래서 여러분도 이것저것 시도를 많이 하고, 이런저런 경험을 많이 쌓으면 '이거 나도 할 수 있겠는데?' '나 저번에 이겨 낸 경험이 있어!' '이거 지난번에 성공했는데 이번에 못할 리가 없지!' '내가 해 본 적은 없는데, 누가 하는 거 본 적 있으니 한번 해 봐야지.' 이런 마음이 생겨납니다. 결국 멘탈은 해 본 경험이 많을수록 흔들리지 않는 것입니다.

둘째, 목표가 있어야 합니다

'국가대표 선발' '부모님 고생 안 시켜 드리기' '대학교 합격' '1등급 상승' '상장 수상' '저 친구 이기기' 등의 목표를 잡고 가야 합니다. 이런 목표가 없으면 '뭐 다음에 해도 되지. 까짓 거 안 하면 그만 아니야?' 하는 생각이 들기 때문입니다.

철봉에 매달리는 것을 생각해 보세요. 버틸 이유, 이 악물고 매달려야 할 목표, 책임져야 할 사람이 없으면 금방 내려오게 되어 있습니다. '나 이번에 꼭 1등 해야 해. 그러려면 으! 힘들어도 이겨 내자. 잠깐 매달리는 것도 못하는데 어떻게 꿈을 이루겠다는 거야! 이겨 내자!' 하고 버티게 되는 것입니다. 목표가 있어야 끈질기게 되고 흔들리지 않게 되는 법입니다.

셋째, 긍정성이 강해야 합니다

여기서 긍정은 3가지를 의미합니다.

첫째는 '성격적 긍정'입니다. '나는 잘될 거야! 휴, 이번엔 이렇게 되었지만 다음 번엔 꼭 잘되도록 해 보자! 툴툴 털어 내고 미래를 보자!'처럼 말이지요. 남 탓, 사회 탓, 불평, 불만 하지 않고 스스로를 반성하고 잘될 미래를 생각하는 것입니다.

둘째는 위기를 기회로 보는 '기회적 긍정'입니다. 누군가는 '코로나로 완전 망했다'라고 하지만 누군가는 '뭐야? 코로나? 그럼 비대면이 활성화되겠네? 기회 아냐?'라며 상황을 긍정적으로 보려 합니다. 여러분, 비관론자는 문제점부터 보고, 낙관론자는 기회부터 본다는 말이 있습니다. 단점을 찾아내어 시도를 안 하는 사람보다 단점이 있음에도 작은 가능성과 기회를 살릴 생각으로 노력하는 사람들이 꿈을 이룬다는 사실을 기억하기 바랍니다.

셋째로 '미래형 긍정'입니다. 멘탈이 약한 사람은 지나간 시간, 특정 감정에 스스로를 밀어 넣으며 '그때 이렇게 했어야 하는데, 그거 하나만 잘 했더라면, 이거 내 잘못이 아니고 누구 때문인데'라고 스스로를 과거로 보내 버립니다. 반면, 미래형 긍정이 강한 사람은 훌훌 털고, 잘될 미래, 해야 할 일이 쌓여 있는 미래만 바라보고 다시 씩씩하게 걸어갑니다. 여러분에게 부탁합니다. 과거 생각을 하

고, 감정에 빠지려 할 때 억지로 미래를 그려 보고 미래로 스스로를
밀어 내기 바랍니다.

넷째, 자기 객관화 능력과 자제력이 좋아야 합니다

능력은 없고, 가진 지식도 없는데 '나는 잘될 거야. 나는 할 수 있
어'라고 한다면 이것은 허공에 외치는 소리일 뿐입니다. 그럴 때 필
요한 것이 바로 자기 객관화 능력입니다. '내가 볼 때 솔직히 나는
이 정도 같아. 그러니 나는 이것을 해야 하고 이 사람과 친해져야
하고 이것을 준비해야 해'라고 스스로의 상태를 냉정히 보는 것 말
이지요. 즉, 자기 스스로를 객관적으로 보며 장단점, 강약점, 해야
할 일을 명확히 구분하는 것입니다.

나를 객관적으로 보았다면 이제 그것을 지켜 낼 '자제력'이 필요
합니다. 가령, 체크리스트를 만들거나, 나쁜 습관을 미루고, 일기를
쓸 수도 있고, 온오프라인에서 사람들과 함께 하며 흐트러질 환경
을 원천통제하기도 합니다. 내가 지금 제대로 하는지 계속 스스로
를 점검하고, 제대로 하게끔 사람과 환경을 조성하여 흔들리지 않
아야 합니다. 그렇게 다른 유혹을 이길, 흔들릴 요소를 통제할 자제
력을 길러야 합니다.

다섯째, 적절한 휴식을 잘 가져야 합니다.

인생은 마라톤입니다. 사람은 하루 종일 서 있을 수 없습니다. 앉거나 누워야 합니다. 그래야 오래갑니다. 멘탈 역시 마찬가지입니다. 하루 종일 목표지향적인 삶을 살면 금방 방전되어 버립니다. 그래서 적절한 휴식이 필요합니다. 수면, 음식, 힐링, 놀이, 취미 등을 통해 말이지요. 문제는 휴식을 멘탈 강화를 위한 도구, 정서적 환기 역할로 잠깐씩 취해야 하는데, 휴식이 노력이나 연습보다 많은 사람이 있습니다. 그것은 분명 잘못된 것입니다. 쉬는 것이 주인공이 되어서는 안 됩니다. 쉬는 것은 조연이고 그 선을 넘지 말아야 합니다.

여섯째, 쓰레기를 다시 찾아가 뒤지지 않아야 합니다

페이커의 말대로 우리 모두는 누군가로부터 말 쓰레기, 행동 쓰레기를 받게 되어 있습니다. 가령, 친구에게 오해를 받거나, 본의 아니게 욕을 먹거나, 억울한 일을 당하거나, 갑질을 당하거나 하는 것이지요. 그럴 때 우리가 할 일은 그 말과 행동이 쓰레기인지 아닌지 구분하고, 만일 쓰레기다 싶으면 그 쓰레기가 있는 환경에서 나와야 합니다. "나 지금 화가 나서 너와 더 말하면 심하게 싸울 것 같아. 시간 잠깐만 보내고 서로 화 가라앉히고 차분하게 다시 이야기하자"처럼 말이지요. 보통 우리는 화가 난 상황, 어이없는 감정이 있다면 친구들에게 털어놓는데, 그것은 아주 좋습니다. 스트레스 풀어야지요. 정서적 위로도 받아야 하고요. 하지만 털어놓았다면 다시는 그 상황을 생각하지 말아야 합니다. 계속 그 쓰레기를 뒤지는 것은 여러분만 계속 더러워지는 것이기 때문입니다. 여러분이 굳이 그 쓰레기를 받은 상황을 슬로 모션으로 다시 보면서 과거에 매일 필요가 없는 것입니다.

여러분, 학창 시절에는 대입과 취업을 목표로 뛰어가고 어른이 되고 나서는 돈과 사회생활을 위해 뛰어갑니다. 여러분이 관심 있어 하는 모든 분야에 '경쟁'이 기다리고 있습니다. 그 경쟁에서 한

끝 차이를 가르는 것이 바로 멘탈인 만큼 이 멘탈을 강화하기 위해 늘 노력하기 바랍니다. 멘탈은 프로 세계에서 가져야 할 가장 강력한 무기이기 때문입니다.

앤디 쌤의 KEY POINT

- 해 본 경험이 많을수록 멘탈이 흔들리지 않는다.
- 비관론자는 문제점부터 보고, 낙관론자는 기회부터 본다.
- 멘탈은 프로 세계에서 가져야 할 가장 강력한 무기다.

MISSION 🎯
쿠크다스, 프링글스 직접 사서 먹어 보기

외모, 이미지만 잘 꾸며도
돈과 명예, 사람이 자석처럼 붙습니다

제 아들은 아빠를 닮았는지, 엄마를 닮았는지 모르겠지만 잘생겼다는 말을 자주 듣습니다. 그래도 아빠 닮았다는 말을 조금 더 듣는 것 같습니다. 아무튼 그런 아들이 어린이집에 가면 친구들이 자기와 같이 놀자고 서로 데려가려 한다고 합니다. 선생님들의 이야기를 종합해 보니 '하얗고 뽀얀 피부, 훈남스러운 외모'가 주변 친구들에게도 호감을 주는 듯합니다. 분명 외모지상주의는 고쳐져야 할 문화이고 그로 인한 차별은 없어져야 하지만 어른 세계뿐 아니라 아이들 세계에서도 '보이는 이미지'는 매우 중요합니다.

보이는 이미지를 바꾸어 성공한 사람들을 살펴보겠습니다. 배우 강소라 씨는 발레 다이어트를 하며 거북목과 체형을 교정한 것으로 유명합니다. 김신영, 슈퍼주니어 신동, 조세호, 조진웅 역시 혹독한 다이어트로 더 나은 이미지 형성에 성공했습니다. 또, 김우빈, 이

종석, 정용화는 어줍이 연예인에서 어깨깡패 연예인이 되었습니다. 어깨가 좁은 저에게는 희망과도 같은 사람들입니다. 이렇듯 웬만한 남녀 연예인들은 운동을 포함하여 간단한 시술, 큰 수술까지 하며 보이는 이미지를 바꾸어 대중에게 큰 사랑을 받고 있습니다.

이번에는 옷 잘 입는 연예인을 볼까요? 박나래, 이동휘, 헨리, 백예린 등은 사복 패셔니스타로 유명합니다. 특히 저는 박나래 씨를 좋아하는데, 키는 좀 작지만 예쁜 머리스타일과 자신에게 잘 어울리는 옷으로 단점을 완벽히 커버하고 있습니다.

훌륭한 외모는 올림픽 8강의
프리패스 티겟과 같다

제가 외모 이야기를 하는 이유는 사회에서 보이는 이미지만 잘 꾸며도 돈, 명예, 사람이 자석처럼 붙음을 여러분이 분명히 알기를 바라기 때문입니다. 큰 키, 적당한 몸무게, 예쁜 몸매, 빨래판 복근, 조각 같은 얼굴, 꽃미남, 꽃미녀, 아이돌 같은 얼굴을 가졌다는 것은 사회에서 +α 수준이 아니라 +AAAAA 수준인 것입니다. 올림픽으로 치면 돈, 명예, 인맥, 키, 몸매, 외모가 8강의 프리패스 티겟이고 성격과 비전, 책임감, 배려심 같은 무형적인 것이 4강 이후 필요한 요소인 것이지요. 그래서 여러분에게 내면의 가치도 중요하지만 외형적인 것도 중요하다고 힘주어 강조하는 것입니다.

인생 대부분의 문제는 돈이 없거나, 인맥이 부족하거나, 키/몸매/외모가 아쉬워서 생기는 경우가 많은데 일부 어른들이 '내면의 아름다움이 더 가치 있어. 외면과 유형적인 것을 추구하면 나빠. 외모는 신경 쓰지 마' 하며 유무형의 균형성을 잃은 채 여러분들을 가르치고 있습니다. 철저히 잘못된 것입니다.

내면의 아름다움, 자존감, 성격, 가치관이 중시되는 것은 맞고, 외모우선주의가 줄어들어야 하는 것도 맞지만, 그것이 무조건 잘못되었다고 죄악시하는 것도 균형적으로 맞지 않다고 봅니다. 예쁘고 사랑스러운 것을 좋아하는 것은 인간의 본성이며 사라지지 않을 역사이기 때문입니다. 또, 우리가 외면이 아닌 내면만 보고 살아갈 수 있겠냐는 의구심이 들기 때문입니다. 솔직히 사람은 겉모습에서 신뢰, 호감, 사랑을 느끼게 되는 것이 크지, 그 사람의 내면을 보고 좋아하는 것은 많지 않습니다.

사회에 나오면 남녀 대부분이 소개팅 할 때 아래 질문을 하는 것을 꼭 기억해 주기 바랍니다. "예쁘냐?" "잘생겼어?" "키는 몇이야?" "피부 좋아?" "돈 많아?" "학교는 어디 나왔어?" "취미는?" "가치관은?" "집안은 어때?" "정규직이야?" "어디 살아?" "종교는?" "건강 상태는?" 이런 것을 묻는다는 사실을 명확히 알기 바랍니다.

보이는 이미지를 잘 가꾸기 위해 할 일

- 헬스, 러닝, 요가, 필라테스 등 운동을 하며 몸매 가꾸기
- 나와 어울릴 만한 옷, 패셔너블한 옷을 사서 나를 꾸미기
- 주기적인 이발과 미용으로 깔끔한 이미지를 가성비 있게 표현하기
- 쌍거풀 수술, 시술, 성형 등 할 수 있다면 하기
- 살이 안 찌는 사람이라면 보충제, 식이요법, 운동으로 살 찌우고 몸 키우기
- 다이어트가 필요한 사람은 식단조절과 전문적인 운동으로 살 빼기

지금 외모는 그 사람의 능력이자 강력한 무기입니다. 그리고 자존감 상승의 큰 도구입니다. 내가 어떻게 꾸미고 가꾸느냐에 따라 타고난 외형과 외모를 넘어서 인생을 바꿀 수 있습니다. 거기다가 그 사람만의 아우라, 멋짐, 사회적 지위, 영향력 등이 어우러지게 되면 제일 좋겠지요. 물론, 이것은 물리적인 성형과 다이어트, 패션 감각을 말하기도 하지만, 분명 마음 성형, 마음 다이어트도 동시에 내포하고 있음을 명심해야 합니다. 멋진 외모에 예쁜 인성과 마음씨가 받쳐 주지 않으면 그림 같은 외모는 결국 값어치가 떨어지게 되어 있기 때문입니다.

세상 모든 사람들은 내/외면의 '아름다움의 기준'을 저마다 가지고 있습니다. 어쨌든 외모로 인한 차별이 없어지기를 바라면서도 그러한 현상에 대한 니즈와 바람은 앞으로도 계속 지속될 터이니 외면도, 내면도 예쁜 사람이 되기를 바랍니다.

앤디 쌤의 KEY POINT

- 내면의 가치 못지않게 외형적인 것도 중요하다.
- 예쁘고 사랑스러운 것을 좋아하는 것은 인간의 본성이다.
- 외모는 그 사람의 능력이자 강력한 무기, 자존감 상승의 큰 도구다.

MISSION 🎯
유튜브에서 tvN 〈악마는 정남이를 입는다〉 찾아보고
패션의 중요성 느껴 보기

대한민국의 미래에 대하여
제대로 알기를

"솔직히요? 지금 10대부터 그 이하까지는 정말로 큰일 났습니다."

"미래에 대하여 정확히 준비해야 하고, 이민 갈 마음도 분명 있어야 합니다."

위 내용은 제가 강연 현장에서 7년째 힘주어 말하는 내용입니다. 결론부터 말하면 저는 대한민국의 미래를 어둡게 보고 있습니다. 대한민국의 전성기는 1차적으로 끝났다고 생각하기 때문입니다. 즉, 지금의 어른들이 수십 년간 고생하며 이뤄 놓은 성장이 이제 1차적으로 멈추었다는 것입니다. 네? 물론 여러분은 잘못 없습니다.

저출산을 해결하려 하지 말고 적응하려 해야 합니다

20년 전 한 해 60만~80만 명이던 출생자는 이제 한 해 20만 명

대한민국 인구 피라미드

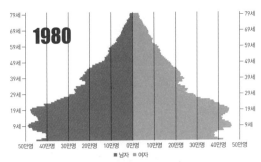

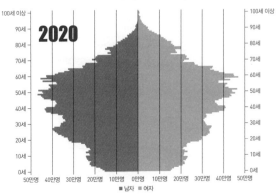

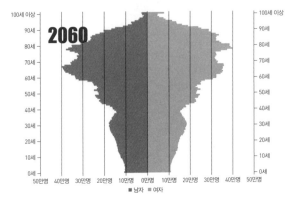

대로 추락했습니다. 경제가 어렵다 보니 돈도 없고, 취직하기도 쉽지 않고, 결혼 자체를 못 하고, 아예 비혼주의자도 증가하기 때문입니다. 또 10대, 20대의 마인드가 과거와 달리 고생하고 헌신하기보다 자유를 추구하고, 자기 삶에 대한 욕구가 더 커졌습니다. 과거 부모, 조부모 세대와는 다른 마인드를 가지고 있는 것입니다.

이민자를 받으면 해결될 것이라는 말은 믿지 말기 바랍니다. 선진국 사람들이 우리나라로 이민을 와서 기술과 능력을 맘껏 펼칠까요? 아니겠지요. 흔히 말해서 우리보다 경제력이 약한 아시아권 국가에서 이민이 증가할 것입니다. 그럼 그 나라 사람들이 이민 와서 돈을 벌면 한국에서 그 돈을 모두 소비할까요? 아마도 우리가 예전에 그러했듯이 월급의 절반을 모국의 가족에게 송금할 것입니다. 그럼 이민은 받아들여져도 결국 소비와 이어지지 않아 경제가 크게 좋아지지는 않을 것입니다.

또 이민자들이 진정한 대한민국 사람이 되는 데 얼마나 걸릴까요? 10년? 20년? 아닙니다. 2세대, 즉 60년이 걸려야 진짜 대한민국인이 될 것입니다. 60년이면 여러분이 흰머리 노인이 되었을 때인데, 그때 이민자 정책이 효과를 발휘해서 무슨 소용이 있나 싶기도 합니다. 저는 그때 이 세상에 없을 테고요. 또 앞으로 전문직, 공무원, 공기업, 대기업 직원을 제외하고 일반 직장인들은 외국인, 이민자와 경쟁해야 한다는 것을 분명히 알기 바랍니다.

여러분, 2060년 대한민국 인구 10명 중 6명이 60세 이상입니다. 나머지 2명은 4050세대이며, 나머지 2명이 10대~20대라고 합니다. 대한민국의 미래에 희망이 보이나요? 60대 이상의 노인들을 부양하기 위해 바로 지금의 10대 친구들부터 30대 삼촌, 이모들이 엄청난 세금을 내고 일을 해야 합니다. 농담이 지나치다고요? 농담 아닙니다. 누군가는 인구가 줄어드는 것이 좋은 일이라고 합니다. 맞습니다. 문제는 너무 빠른 속도로 감소해서 미래를 준비할 시간이 없다는 점, 너무 많이 감소해서 대책이 없다는 것입니다. 인구 5천만 명에서 4천만 명이 되는 것과 5천만 명에서 3천만 명이 되는 것은 완전 다른 개념입니다.

4차산업 혁신이 아니면 어려운 경제상황

코로나가 최악의 상황을 만들었지만 이미 그전에

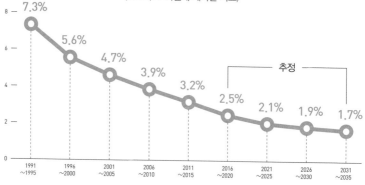

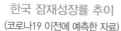
한국 잠재성장률 추이
(코로나19 이전에 예측한 자료)

출처: 현대경제연구원

대한민국은 수십 년째 저성장의 늪에 빠져 있습니다. 앞으로 조금 좋아질 것이라 하지만 여전히 큰 성장 자체는 어려운 상황입니다. 이 말은 사정이 조금 나아지더라도 여러분에게 취업의 기회가 많지 않음을 의미합니다. 물론 취업의 기회는 분명 있겠지만 그 분야는 앞에서 말한 대졸자 우선 분야, 어려운 분야, IT와 기술 기반 중심의 영역에서 채용이 이뤄질 것입니다.

거기다 4차산업은 인공지능, 로봇, 자동화로 여러분의 일자리를 대체하고 있으며, 이민자와 외국인 근로자는 점점 더 여러분과 한정된 일자리를 두고 경쟁하게 될 것입니다. 또, 고학력자들이 좁은 취업률 때문에 점점 눈높이를 낮추며 진입하게 될 것입니다.

결국 신산업 분야 취직, 스스로 새로운 창업을 하는 것만이 남은 상황입니다. 그래서 여러분이 기업가 정신을 품으며 사장님이 될 준비를 해야 한다는 것입니다 실제로 미국은 전통적 대기업뿐 아니라 실리콘밸리를 중심으로 한 스타트업에 취업하는 것을 목표로 하는 젊은이들이 해마다 증가하고 있습니다. 여러분도 기존의 대기업을 넘어서 신생 회사를 목표로 취업하거나 그러한 곳에 들어가서 배우고 여러분만의 회사를 창업할 생각을 이제는 적극적으로 해야합니다. 배달의민족, 야놀자, 화해, 당근마켓, 쿠팡, 토스, 직방, 플리토 등 말이지요.

갈등이 점점 심해지다

"그동안 당해 왔는데 더는 손해 못 봐."

"나는 누린 적도 없는데 내가 왜 양보해야 하나요?"

"상대에게서 이번에 빼앗지 못하면 앞으로도 영원히 못 빼앗아요!"

갈등의 근본에는 이러한 '손해감'이 있습니다. 대한민국은 현재 정치 갈등, 남녀 갈등, 지역 갈등, 세대별 갈등, 국적 갈등 등이 심화되고 있습니다. 분명 지금보다 앞으로 갈등은 더 심화될 것이라 생각합니다. 하나만 물어보겠습니다. 여러분이 지금 취직이 안 되고,

적은 월급으로 먹고살기 어려운데 여러분에게 이런저런 이유로 양보하라고 하면 선뜻 양보하겠습니까? 그동안 참고 살았는데 또 참으라면 참을 것인가요?

가령, 우리보다 앞서 이민자를 받아들인 나라, 정치적 경제적 실험을 먼저 한 나라, 경제 성장률이 떨어진 나라에서 겪은 일들이 분명 우리나라에도 발생할 것입니다. 우리나라라고 그 갈등을 피해갈 수 없습니다. 문제는 그 갈등의 중심에 지금의 10대 청소년~0세 아이들이 있다는 것입니다. 직설적으로 말하면 여러분이 곧 피해를 받을 것이라는 말입니다.

특히 남녀 갈등, 인종 갈등, 문화 갈등, 정치 갈등, 종교 갈등이 더 심화될 것으로 보입니다. 남자와 여자, 다문화와 순혈 한국인의 갈등 등 말이지요. 이런 갈등이 변화에서 당연한 현상이지만 여러분이 성인이 되었을 때 분명 지금보다 큰 피해를 받을 수 있다는 사실을 꼭 유념하기 바랍니다.

제가 현실 기반의 이야기를 말하는 이유는 하나입니다. 만

일 정말 제 말대로 된다면 그 상황을 미리 준비해야 최악을 피하고, 궁극적으로 새로 도약할 수 있기 때문입니다. 우리가 보험을 드는 이유는 혹시나 사고가 나거나 병에 걸렸을 때를 대비하기 위해서지요? 이 챕터 역시 마찬가지입니다. 저는 대한민국이 이렇게 부정적으로 흘러가기를 바라지 않지만 분명 그렇게 흘러가고 있는 상황을 여러분에게 담백하게 전달해야 한다고 생각합니다. 알고 맞으면 덜 아픈 법이고, 미리 준비해서 잘 대비하기를 바라기 때문입니다. 여러분의 인생이 달려 있는 위기의 상황이기에 꼭 여러분이 미래 한국사회를 잘 알아보기 바랍니다.

그럼 이대로 끝일까?
여러분은 뭘 해야 할까?

그런데 제가 아까 1차적으로 끝났다고 했지 대한민국이 완전 망했다고 하지는 않았습니다. 이 말은 2차적으로는 반등이 가능하다는 말이겠지요? 그건 이제 우리가 뽑을 정치인과 특히 여러분이 어떻게 하느냐에 따라 달려 있습니다. 그럼 여러분은 무얼 해야 할까요? 우리 모두 미래의 변화에 대하여 계속 예측하고 변화에 적응할 능력을 키워야 합니다.

미래 예시

- 미래는 한 가지 일만 하는 사람이 아니라 멀티인재가 되어야 한다.
- 진학만큼 진로의 방향이 중요한 시대가 된다.
- 현재 국내에 거주하는 외국인이 240만 명(이중 조선족 70만 명 포함 중국인 110만 명)인데 다문화의 방향은 어떻게 흘러갈까?
- 실무에 도움이 될 것을 연습하자. 세상은 어려도 '어른스러운 능력'만 가지고 있으면 서로 데려가려고 한다.
- 지식사회는 종말이고, 융합사회가 시작되고 있다.
- 앞으로 세상은 감성/감정적이거나 아니면 완전 이성적인 양극화 사회로 흘러갈 것이다.
- 혼자 힘으로 수도권, 광역시 아파트를 사는 것은 매우 어려워질 것이다.
- 지방대의 소멸이 가속화되고, 유명 대학의 역할이 증대할 것이다.

물론 저 역시 대한민국이 세상에서 제일 살기 좋은 나라 중 하나라고 생각하고 앞으로도 그러할 것이라 생각합니다. 치안, 물가, 방역, 안보, 국민성 등 여러 면에서 세계 Top 5 국가라고 생각합니다. 하지만, 여러분이 30세가 넘었을 때는 여기에서 중요한 개념인 '경제'적인 면을 지금과 다르게 고려해야 합니다. 먹고살 게 없는데 대한민국이 살기 좋다고요? 그건 돈 있는 사람들, 직장이 있는 사람들에게만 그런 것입니다. 아무리 국가가 안전하고 살기 좋고 사람들이 순하더라도, 돈이 없는 상황이고 취업이 어려운 상황이라면 달라집니다. 국가에서 기본소득제를 시행해서 일부 돈을 준다고 하더라도 한계가 있습니다.

그래서 저는 "부모님들! 힘드시더라도 내 아이가 나중에 기회조차 잡기 어려울 수 있으니 돈을 미리 많이 벌어서 유산/상속/증여해 주세요. 학생들은 미리미리 실용적인 생각을 하며 진학만큼 진로에 대한 생각을 많이 하고, 가능하면 외국으로 이민을 갈 상황도 염두해 두세요"라고 말합니다. 너무 현실적이라고요? 여러분은 저한테 남이니 듣기에 좋은 말만 할 수도 있지만 솔직히 그것은 무책임한 일이라 생각합니다. 진심으로 여러분 스스로 인생을 준비하기

바랍니다. 대한민국의 미래에 대하여 가족, 친구, 선생님들과 이야기를 꼭 하기 바랍니다. 나태하게 생각해서 불이 활활 타오르고 있는 저 미래로 그대로 가지 않기를 바랍니다.

앤디 쌤의 KEY POINT

- 학생들은 진학만큼 진로에 대한 생각을 많이 해야 한다.
- 4차산업 시대에는 일자리 경쟁이 치열해질 테니, 기업가 정신을 품으며 사장님이 될 준비를 해 보자.
- 미래의 변화에 대하여 계속 예측하고 변화에 적응할 능력을 키워야 한다.

MISSION 🎯
2060년에 청소년, 청년 인구가 몇 명일지 알아보기

#공부와 꿈 #성장과 성공 #돈 #사람 #세상 #행복

6
장

행복에
대하여
알게 된 것들

Wish I Had Known
Before Graduation

직설적으로 말해서 미안하지만,
돈을 가져야 행복합니다

"돈이 없으면 돈보다 더 중요한 가치를 지킬 수 없다. 나는 역설적이지만 돈보다 중요한 내 가족, 내 우정을 안전하게 지키기 위해 돈이 필요하다는 것을 알게 됐다."

— 유튜버 신사임당(주언규)

"돈으로 살 수 없는 것은 없어. 만일 살 수 없는 게 있다면 그건 네 돈이 부족한 거야."

— 영화 〈더 울프 오브 월스트리트〉 중 배우 디카프리오 대사

자극적이라 할 수 있는 말을 가져온 이유는 돈 이야기를 할 때 사람들이 솔직했으면 좋겠고, 무엇보다 여러분이 돈을 많이 벌기를 바라기 때문입니다. 왜 처음부터 돈 이야기를 하냐고요? 아무리 곱

썹어 봐도 돈만큼 사람을 직접적으로 행복하게 하는 것은 떠오르지 않기 때문입니다.

수년 전 모 통계조사에서 배우자의 연 소득이 1억 원 이상이라면 이혼 확률이 현격히 줄어든다는 통계가 나오기도 했고, 여러분 선배들도 취업할 회사를 정할 때 '연봉'을 최우선 가치로 정하고 있으며, 회사를 그만두는 퇴사자들도 공통적으로 퇴사하기 전에 돈을 충분히 마련해 놓고, 노후 준비를 철저히 하라고 하는 것을 보면 돈보다 중요한 행복의 도구를 찾기 어려운 듯합니다. 그만큼 돈은 우리 인생에 중요하고 우리 행복을 좌우할 중요한 '수단'입니다.

그런데 우리나라는 돈을 금기하는 문화가 있습니다. 돈 이야기를 꺼내면 천박하고, 저급하다고 생각하기도 합니다. '왜 이렇게 돈을 추구해? 사람이 먼저지, 돈이 먼저냐?

쯧쯧. 왜 이렇게 차갑게 굴어? 왜? 네가 손해 보는 거 같아서 그래? 내가 알아서 섭섭지 않게 챙겨 줄게. 일을 할 때 돈보다 가치 있는 일을 먼저 해. 그게

우선이야. 우리가 남이야? 쟤는 하여간 돈이 제일 우선이야. 돈 벌
려고 그렇게 아등바등 사냐? 그냥 있는 대로 대충 살고 조금 불편
하게 살면 되지, 안 그래?' 하는 것처럼 말이지요.

'돈' 싫어하는 사람은 없다

그런데 저는 현실에서 돈 싫어하는 사람을 못 봤습니다. 실제로
강의 현장에서 '돈' 이야기를 꺼내고, 상품으로 현금을 주면 사람들
이 참 좋아합니다. 서로 달라고 합니다. '돈' 싫어하는 사람은 분명
없습니다.

저는 사람들에게 '돈'은 그 사람의 인생을 바꿀 수단이고, 그 사람이 원하는 인생을 살게 해 줄 축복의 도구라고 강조합니다. 여러분께 묻고 싶습니다. 여러분의 재산이 100억이라고 가정하겠습니다. 그럼 여러분이 밤을 꼬박 새워 가며 일을 할까요? 열심히 공부할 것 같나요? 싫어하는 사람과 일을 같이 할까요? 대부분은 그 정도 재산이 생긴다면 조금 더 여유로운 마음으로 일을 하거나, 아예일을 안 하고 남은 삶을 즐기며 살 것입니다. 왜? 공부의 목적, 근로의 목적 중 하나인 돈을 이미 가졌는데 뭣 하러 힘들게 일하느냐 이것이지요. 돈이 생기면 그때부터는 오로지 100% 자신에게 집중하는 삶을 살게 되는 것입니다.

물론 돈은 우리를 편하게 할 뿐입니다. 돈 자체가 모든 것의 끝판왕이라거나, 삶의 목적이 되기를 원치는 않습니다. 하지만 돈 때문에 비굴해지거나 자존심 상하지 않기를 바라고, 돈 때문에 가족의병을 치료하지 못하는 상황을 겪지 않기를 바랍니다.

돈 자체는 나쁜 것이 아니다

현장에서 저는 지금의 0세~19세가 어른이 될 시기에는 혼자 힘으로 도심지 아파트를 살 확률이 매우 낮고, 취업률/창업률도 생각만큼 높지는 않을 것이기에 가능하면 부모님들이 돈을 많이 벌어서

증여/상속 해 주셔야 하거나, 청소년들은 자신이 큰 돈을 벌게끔 창업, 투잡, 재테크 공부를 미리 시작해야 한다고 솔직히 말합니다. 그래야 십여 년 뒤 초노령화 사회 및 다문화 사회가 되었을 때 무시무시한 문화 갈등, 사회 갈등, 경제 갈등에서 '돈'이 여러분의 유일한 탈출구가 될 것이기 때문입니다. 그만큼 돈은 앞으로 더욱 소중한 무기가 될 것입니다.

속지 말기 바랍니다. 헷갈리지도 말기 바랍니다. 돈을 나쁘게 쓰는 사람이 나쁜 것이지, 돈 자체는 나쁜 것이 아님을 분명히 해야 합니다. 돈이 있으면 내 자식 먹이고 싶은 것, 입히고 싶은 것, 하고 싶은 것 마음껏 할 수 있게 됩니다. 또 기부를 많이 할 수도 있고, 사람을 위해 유용하게 쓸 수도 있습니다. 어설프게 위로하고, 이상주의자처럼 살도록 말하는 가짜 어른들에게 속지 말기 바랍니다.

끝으로 농구선수 출신 방송인 서장훈 씨가 방송에서 한 말을 전하겠습니다.

"10대, 20대 시절 즐기는 것? 당연해 보이고 이해합니다. 누군가의 충고 따위 듣고 싶지 않고, 다시 오지 않을 젊음이기에 부어라 마셔라 하려 하는 것 분명 이해합니다. 그런데 가난해도 괜찮은 것은 젊을 때뿐입니다. 책임감이 덜한 시기이고, 챙겨야 할 사람은 오직

나 하나뿐이기 때문입니다. 제가 지금 제일 행복한 것은 나이 먹은 지금 누군가에게 돈 때문에 아쉬운 소리를 안 해도 된다는 것이에요. 그게 얼마나 다행이고 감사한지 여러분은 몰라요. 돈 때문에 자존심을 버리지 않아도 되는 것. 제 주변에 그런 사람이 너무 많아요. 여러분이 추구하는 롤로? 이해는 하지만 한 번쯤 잘 살펴보면 좋겠어요."

누군가는 서장훈 씨의 말이 차갑다고 하지만, 저는 오히려 현실적인 조언이라고 봅니다. 요즘은 집 없는 회사 임원보다, 집 있는 과장이 더 부러운 시대이고, 또 돈 없는 명문대생보다 돈 많은 고졸이 더 행복한 시대이기 때문입니다.

정말로 현실을 살아갈 때 '돈'이 행복의 중요한 요소임을 깨닫고, 어떻게 하면 돈을 많이 벌 수 있을지, 어떻게 내 능력을 가지고 재테크로 돈을 불릴 수 있을지 생각하기 바랍니다. 또 돈으로 사회를 위해 어떤 좋은 일을 할지로 연결하기 바랍니다. 그렇게 '돈'으로 동기부여, 돈기부여 잘 하기 바랍니다. 진심으로 여러분이 부자가 되면 좋겠고, 돈이 행복에서 중요한 수단인 만큼 공부를 잘해서 돈을 잘 벌거나, 공부를 못해도 다른 것을 통해 꼭 돈을 많이 벌기를 기대합니다. 대한민국과 여러분이 부자가 되기를 바랍니다.

- 미래에 초노령화 사회 및 다문화 사회가 되었을 때 여러 가지 갈등에서 '돈'이 유일한 탈출구가 될 것이다.
- 돈을 나쁘게 쓰는 사람이 나쁜 것이지, 돈 자체는 나쁜 것이 아니다.
- 돈은 있으면 있을수록 유용한 수단이니 '돈기부여'를 하자.

MISSION

유튜브에서 KBS 〈무엇이든 물어보살〉 '대출 중독남에게 전하는 찐부자 선녀보살의 현실 조언' 찾아보기

외부로부터 칭찬과
인정을 받기를

저는 '자존감=자기만족감'이라고 생각합니다. 돈이 없어도, 애인이 없어도, 시험에 떨어졌어도 자기만족감이 높으면 행복하고 우울하지 않기 때문입니다. 자기만족감이 높으면 '나 그런 것 없어도 충분히 행복해.' '네가 날 욕해? 너, 나 잘 모르잖아? 나는 내가 좋은데?' 이렇게 생각하는 반면 자존감이 낮으면 스스로 가치가 없다고 여겨 우울해지고, 자신감이 떨어져 시작조차 할 수 없게 됩니다. 그래서 저는 자기 스스로 가치 있다고 여기

고, 자기의 미래를 의심하지 않는 자기만족감을 높이기를 권유합
니다.

이 자존감을 높일 수 있는 방법이 있습니다. 바로, '성취를 통한
칭찬과 인정'을 받으면 됩니다. 쉽게 말해, 뭔가를 시작하고 끝까지
완주해서 외부로부터 칭찬과 인정을 받으면 자존감이 올라가게 되
어 있다는 것입니다.

성취를 통해 칭찬받고 인정받은 사람

- 마라톤대회에서 중하위권으로 들어왔지만 기록을 인증받은 사람
- 책 필사를 21일 동안 블로그에 기록화하고 사람들에게서 '좋아요'를
  받은 사람
- 혼자서 15일 동안 국토대장정을 하며 유튜브에 공유한 사람
- 친구와 5차례 공모전에 도전해 본선에 입상하지는 못했지만 입선은
  한 사람
- 처음에는 1개도 못했지만 지금은 쉬지 않고 한 번에 턱걸이를 20개
  하는 사람
- 혼자 노점에서 붕어빵, 솜사탕을 10만 원어치 팔아 본 사람
- 혼자 공부하여 만든 어플리케이션으로 누군가에게 칭찬받은 사람
- 집에서 나온 쓰레기를 분리수거 잘하여 칭찬받은 사람
- 맡은 프로젝트, 업무를 다 완수하고 상사에게 인정받은 사람

중요한 것은 끝까지 완주해야 하고, 결과물을 만들어야 하며, 외부로부터 칭찬과 인정을 받아야 하는 것입니다. 작은 일, 큰 일 상관 없이 칭찬과 인정을 받으면 내면의 자존감이 높아지는 것입니다. '아 끝났다! 나 해냈어! 야호~ 칭찬받았다!' 이런 마음이 들어야 합니다. 그래서 만일 공부를 잘하고 싶다면 우선 공부와 관련하여 칭찬을 받는 것입니다.

가령, 독서실에서 가장 늦게 퇴실해 보세요. 그리고 "엄마, 나 어제 공부하다 새벽 2시 반에 잤어요"라고 하면, 엄마는 "너 정말 열심히 공부했구나. 고생 많았네. 조금 더 쉬어"라고 할 것입니다. 칭찬이 아닌 것 같아도 부모님이 여러분을 인정하고 믿음직스러워하고 기특해하는 것입니다. 그럼 여러분은 밤늦게까지 공부해서 부모님께 인정받고 싶어질 것입니다. 왜? 상대방이 나를 좋아하는 게 느껴지니까요.

또, 학교에 제일 먼저 등교해 보세요. 그리고 선생님께 예의 바르게 인사를 해 보세요. "○○는 정말 부지런하구나. 어른한테 인사도 잘하고. 우리 ○○는 졸업해도 사람들한테 참 이쁨 많이 받을 거야." 이런 말을 들으면 여러분은 기분이 좋아지고 계속해서 학교에 1등으로 등교하기, 먼저 인사하기, 독서실에서 마지막으로 퇴실하기를 계속 하게 됩니다.

마찬가지로 축구를 잘한다고 칭찬을 받거나, 내가 연습한 기술을 통해 친구를 제치게 되면 축구에 대한 자신감이 높아지게 됩니다. 또, 내가 외운 영어단어로 정답을 맞히거나, 유창하지는 않지만 외국인과 손짓 발짓을 통해서라도 대화가 통하면 영어에 대한 자신감이 올라가게 됩니다. 반대로, 시험에서 계속 틀리며 낮은 점수를 받으면 자신감이 떨어져 그 과목에 대한 흥미와 공부에 대한 자존감이 낮아지게 됩니다.

"윤수야, 너는 발표를 왜 이렇게 잘해? 정말 말솜씨 하나는 기가 막히는구나. 부럽다~"

"윤수야, 저번보다 성적이 올랐네? 이렇게 하다가 1등도 하겠네?"

"뭐야? 이 찌개 식당에서 사 온 거야? 아냐? 그런데 이렇게 맛있어?"

칭찬받고 인정받아 자신감이 올라가고 스스로에 대한 자기만족감이 높아진 선배들처럼 여러분 역시 주위로부터 칭찬을 받기 바랍니다. 어떤 분야에서 1등을 하려면 잘하는 것 이전에 흥미와 자신감이 먼저임을 꼭 기억하기 바랍니다.

- 뭔가를 시작하고 끝까지 완주하여 외부로부터 칭찬과 인정을 받으면 자존감이 올라간다.
- 어떤 분야에서 1등을 하려면 잘하는 것 이전에 흥미와 자신감이 먼저다.

MISSION

엄마가 해 주신 음식 맛있게 먹고 엄마 자존감 높여 드리기!

"엄마, 이거 진짜 맛있어요!"

해결 안 될 고민은 없고,
고민은 길게 하지 말기를

SBS 드라마 〈스토브리그〉를 즐겨봤습니다. 멋있는 대사가 많았는데 그중에서 저는 이 대사가 특히 기억에 남습니다.

✓구단에서 해임 통보를 받은 주인공이 어머니를 만난 장면

어머니: "무슨 일이야? 표정이 왜 그래?"

주인공: "나 회사 짤렸어요."

어머니: "에이~ 난 또~ 어디 아프다는 줄 알고. 안 아프고 안 다쳤으면 큰 일 아니야.

누군가는 이 대사를 가벼운 일상 대화로 느낄 수도 있지만 저는 이 대화에 인생 선배로서의 '삶의 철학'이 다 담겨 있다고 봅니다. 바로 '별거 아님'의 철학 말이지요. 우리 주위에는 매일매일 수

많은 고민과 말 못 할 괴로움, 사건이 터지고 있습니다. 너무 아프고, 너무 커 보이고, 전혀 해결되지 않을 것 같은 고민이 대부분입니다. 그래서 누군가는 극단적 선택을 하기도 하고, 우발적 행동을 벌이기도 합니다. 현장에 있다 보면 청소년들의 일탈과 안 좋은 선택을 가끔 듣게 되는데, 그때마다 너무 안타깝고 가슴 아픕니다.

한번 생각해 보지요. 우리 인생 가운데 큰 문제로 보였던 것들이 시간이 지나고도 그대로인가요? 문제가 해결이 안 되었나요? 아직도 그때의 감정과 상처가 그대로인가요? 모든 것이 그렇지는 않지만 아마 대부분 해결되어 있거나, 최소한 마음만은 편해졌을 것입니다. 돈 문제, 이성 문제, 성적 문제, 진로 문제, 가족과의 이별 등 원하는 방향으로 잘 진행이 되든 안 되든 대부분은 마음이 편안한 상태로 뭔가 진정되어 있을 것입니다. 즉, 살다 보니 세상에 해결 안 될 고민과 문제는 없다는 것입니다. 욕을 잠깐 먹든, 원만히 해결되든, 오랜 시간 계속 해결해 나가고 있든, 문제와 감정은 무뎌지게 되어 있고, 혹시나 만약에 해결되지 않더라도 처음 겪었을 때보다는 마음이 편해지더라는 것입니다. 결국 시간이 그 문제들을 대부분 해결해 줄 테니 그때 느낀 감정을 계속 주머니에 넣고 다니지 말자는 것입니다.

'별거 아님'의 철학

제일 쓸데없는 것 중 하나가 '걱정'이라는 말이 있습니다. 일어나지 않을 일, 별거 아닌 일, 일어났어도 해결 가능한 일에 쓸데없는 걱정과 생각을 너무 많이 하는 것입니다. 그렇게 우리는 시간과 에너지를 낭비하는 일이 참 많습니다. 10대 친구들 중에도 말 못 할 고민을 가지고 혼자서 끙끙거리는 경우가 많습니다. 그런 친구들한테 꼭 말해 주는 것이 있습니다. '고민을 주위에 털어놓자. 털어놓기만 하면 문제의 90%는 해결되더라. 울면서 말해도 되고, 차 한잔 마시며 차분하게 말해도 됩니다. 어른에게 혼날 것 같고, 도움 안 될 것 같아도 그냥 털어놓고 나면 마음이 편해지고, 그것이 당장 해결되지는 않더라도 결국 시간이 오래 지나면 다 해결되었거나 잊히더라' 이것입니다.

자, 쉽게 말해서 '내 고민을 상대에게 주자!'입니다. 그리고 상대에게 내 고민 토스하기입니다. 가령, 학교 수업시간에 놓친 필기를 친구에게 빌려야 하는 상황이라고 가정하겠습니다. '이거 민영이한테 빌려 달라 말해야 하는데 예민해서 빌려 줄까? 언제, 어떻게 말하지?' 이런 고민을 할 텐데, 저는 그냥 바로 이렇게 합니다. '민영아, 내가 지난번에 필기를 다 못 해서, 정말 미안한데 노트 한번만 빌려 줄래? 내가 다음에 똑같은 상황 오면 꼭 갚을게!'라고 그냥 빨리 질러 버립니다. 어차피 빌려 주고 안 빌려 주고는 내 권한 밖의 일이기에 빨리 상대방에게 '고민의 짐'을 넘겨 버리는 것입니다. 나는 고민을 친구한테 넘겼으니 거절하든 수락하든 그것은 민영이의 고민이 되어 버린 것입니다. 내가 그 고민에 대하여 더 생각해 본다고 하더라도, 더 잘 해결된다는 보장도 없고, 오히려 타이밍만 놓칠 때가 더 많습니다. 우리는 그저 '빌려 줄래?'를 던지고 상대방이 'Yes' 하면 고마워하면 되고, 'No' 하면 다른 친구에게 또 부탁하면 됩니다. 그렇게 별거 아닌 일에 오랜 시간 전전긍긍하다 시간만 버리고, 기회도 버리게 되는 경우를 맞이하는 것입니다.

별거 아닌 일에 오랜 시간 전전긍긍하다 시간만 버리고, 기회도 버리는 사람

- 돈을 빌릴 곳이 없어서 빌릴까 말까 고민하는 사람
- 뭔가 실수해서 말을 해야 하는데 주저주저하는 사람
- 물건을 빌려야 하는데 어떻게 부탁해야 할지 고민하는 사람
- 좋아하는 이에게 고백해야 하는데 머뭇거리는 사람
- 인터넷 쇼핑할 때 살까 말까 오랫동안 고민하며, 계속 다른 거 찾아보는 사람
- 인터넷에서 여행 숙소 고르느라 몇 시간을 허비하는 사람

10대 여러분! 다시 한번 힘주어 말합니다. 해결 안 될 문제는 없고, 여러분 주위에 여러분의 이야기를 들어 줄 어른들과 친구들이 많음을 알아 주고 꼭 고민을 툭툭 던져 주기 바랍니다. 어른들이 그렇게 하려고 여러분 주위에 대기 중입니다. 그리고 사회에 나오는 순간 결론을 빨리 지을수록 더 능력 있는 사람으로 평가받습니다. 정말입니다. 아무리 심사숙고가 중요하다고 하지만, 결정은 빨리하는 것이 제일 중요하기 때문입니다. 그래서 저는 고민은 깊이 있게 하되, 어떤 결론이 정해지면 빨리 상대에게 털어 버리고 다른 것에 집중하자고 합니다. 그래야 쓸데없는 걱정으로부터 빨리 해방되어 마음의 편안함을 얻게 되기 때문입니다. 잊지 마세요. 고민은 길게 하지 말고, 걱정도 오래 하지 마세요. 거의 다 무의미하고, 부질없습니다.

앤디 쌤의 KEY POINT

• 가슴이 답답하고 무거운 짐이 있다면 주위에 털어놓자. 털어놓기만 하면 90%는 해결된다.
• 고민은 상대에게 주는 것. 10분 이상 하지 말자.
• 심사숙고하는 것도 중요하지만, 결정은 빨리하는 것이 제일 중요하다.

MISSION 🎯
흰 종이에 '고민은 빨리 상대에게 줘 버리기' 7번 쓰기

손해 보지 않는
삶을 살기를

한 학생과 상담을 한 적이 있습니다. 사연인즉, 다니는 봉사단체에서 과도한 일을 요구하는데 거절하지 못해 힘들어하고 있었습니다.

"잘 지내니? 단체는 어때? 저번에 힘들어했던 것 같던데 잘 풀렸어?"

"아, 일은 여전히 너무 많아요. 공부도 제대로 못하고요."

"음…… 그 봉사, 그만두는 건 어때? 건강 상해 가면서 거기 일 돕는 것은 좀 아닌 것 같은데? 일 잘한다 생각하면 선의를 건드려서 그 사람만 계속 일 시키는 사람들 많아. 돈을 주는 것도 아니고 말이야."

"맞아요. 그런데 제가 없으면 안 돼요. 봉사자도 부족하고, 당장 며칠만 비워도 완전 난리나요. 그리고 센터장님이 이게 다 저의 성장에 도움이 되는 거라고 그랬어요."

아무리 가까운 사이더라도 결국 남의 인생이기에 대화는 또 그렇게 끝났습니다. 안타까웠습니다.

원래부터 당연한
것은 없다

우리는 어릴 때부터 힘든 건 참아야 하고, 좋은 것은 양보하고 배려해야 하고, 표현은 절제해야 한다고 배웠습니다. 또 극한을 이겨내면 성장하고, 나보다 공동체와 팀, 국가를 위해 헌신하는 것은 의미 있는 일이라 배워 왔습니다. 분명 맞는 일이고, 고생하면 성장하는 것이 맞습니다.

하지만 '어느 정도'의 범위를 지켜야 합니다. 내 모든 것을 내어주고, 내 건강을 상해 가면서까지 하는 것은 아닙니다. 내 것을 챙기는 것은 당연한 권리입니다. 누군가를 위해 뭔가를 하면 당연히 대가가 있어야 합니다. 가령, 심부름에도 당연한 것은 원래 없는 법입니다. 모든 부탁에는 당연히 대가가 있는 법입니다. 당연한 것을 가족이니까, 친하니까, 좋은 일 하는 거니까, 의미 있는 일이니까, 상대가 보답할 형편이 안 되니까 등의 이유로 우리가 배려한 것입니다. 문제는 그 배려의 수준을 넘어서면 여러분은 그 순간부터 '호구'로 취급되는 것입니다.

자신의 행복을
확보하는 것이 먼저

돈/급여를 받았어도 마찬가지입니다. 너무 힘들다? 일을 조정해 달라고 요청하거나 회사를 옮기는 것이 맞습니다. 돈 때문에 회사를 다녀야 한다? 무조건 단기간에 능력을 향상시키고 그 회사를 나와야 합니다. 그게 자신에게도 좋고 그 회사에도 좋은 것입니다.

그러므로 분명히 하기 바랍니다. 누가 봐도 과한 요구를 했을 때는 반드시 여러분의 의견을 명확하게 전달하는 것이 중요합니다. 그것은 상대방을 위해서도 필요하고, 여러분 자신을 위해서도 필요한 의사표현입니다. 여러분이 청소년, 청년 시기에도 그러한 의사표현을 하지 못하면 그것이 습관이 되어 나중에 어른이 되어서도 적절한 거절과 협상을 하지 못하게 됩니다. 많은 선배들이 그렇게 돈 때문에, 관계 때문에 부당하다고 말하지 못하는 것입니다.

이는 단순히 부당하거나 과한 일이 주

어졌을 때만을 말하는 것이 아닙니다. 일상 속에서 나를 먼저 생각하고, 내 것을 최소한으로라도 챙기라는 것입니다. 다 퍼 주다가 결국 후회만 남기 때문입니다.

가령, 모임 장소를 정할 때도 먼저 말을 해서 나에게 조금이라도 가까운 곳으로 한다거나, 메뉴를 정할 때도 3개를 정해야 한다면 내가 먹고 싶은 1개는 빨리 제안해서 확보하라는 것입니다. 또 약속 시간을 정할 때도 나에게 유리하게 잡거나, 마트에서 계산하려 줄을 서 있을 때 나의 짐이 소량이면 앞사람에게 양해를 구하고 먼저 계산하기 등을 말하는 것입니다.

그러나 이것이 마치 내가 할 일만 하고 퇴근하고, 법적 테두리 안에 있는 것만 하라는 의미가 아닙니다. 다시 강조하지만 성장을 위한 한계의 범위를 스스로 잘 결정하며 내 것을 챙기라는 것입니다. 주어진 일만 딱 하거나 한정된 공부만 하면 최고로 성장하는 것은 솔직히 불가능하기 때문입니다.

앞서 언급했듯이 여러분이 성장하려면 시간과 깊이의 경험이 필요한데 그것은 고생할 때 나오기 때문입니다. 사람은 모두 각자 버틸 수 있고, 이해할 수 있는 수준이 다르므로 최대한 열심히 버텨보되 여러분이 느끼기에 '어? 이거 과한데?' '내 가족과 보낼 시간까지 버려 가면서 해야 해?' '이거 나한테 고마워하는 것이 아니라 나를 호구로 보네?' 이런 생각이 들 때는 분명히 의사표현을 하라는 것입니다.

여러분, 자신의 행복을 꼭 확보하기 바랍니다. '나'라는 사람이 먼저 행복해야, '다른 사람'을 행복하게 해 줄 수 있습니다. 남도 돕고, 일도 열심히 하되, 내 것을 챙기는 균형성을 잊지 말라고 강조하는 것입니다. 나는 점점 비워지고 남만 채워 주면 루즈-윈(lose-win)이고, 나도 채우고 남도 채워주면 윈-윈(win-win)이지 않을까요? 어차피, 남들은 채워짐을 받으면 되니 이왕이면 내 것도 꼭 챙기며 꼭 윈-윈하면 좋겠습니다.

'이런! 내 것부터 챙길걸! 내 시간과 돈 아낄걸 괜히 썼어!' 하고 후회하지 않기를 바라며!

앤디 쌤의 KEY POINT

• 내 것을 챙기는 것은 당연한 권리다.
• '나'라는 사람이 먼저 행복해야, '다른 사람'을 행복하게 해 줄 수 있다.
• 남에게 퍼 주기만 하다가는 결국 후회만 남는다.

MISSION 🎯
흰 종이에 '호구 되지 말자' '내 것 꼭 챙기자' 5번씩 써 보기

건강은 꼭 잃고 나서야
우리를 후회하게 합니다

"행복하자~~ 행복하자~~ 아프지 말고~♪"

자이언티의 노래 〈양화대교〉의 가사입니다. 아프지 않은 것은 큰 축복입니다. 저희 외할아버지는 뺑소니 교통사고로 1년 반을 병상에서 투병하시다 돌아가셨습니다. 당사자도 참 힘들었지만 그 긴 시간을 간호한 가족들도 솔직히 힘든 시간이었습니다. 그래서 아프지 않고, 사고가 없는 것은 축복이라고 생각합니다. 제가 현장에서 '건강'의 중요성을 강조하는 이유는 바로 건강이 '행복'의 가장 기본이라고 생각해서입니다.

여러분에게 혹시 부모님이 공부 못한다고 뭐라 하면, 이 카드를 써 보세요. '엄마 아빠! 앤디 쌤이 나 아프지 않은 것만으로도 감사한 거랬어요!' 아마도 부모님께서 말문이 턱 막히실 겁니다. 그만큼 건강은 최고의 가치입니다.

인생에서 제일 중요한 요소는 건강이다

보통 우리는 정기 건강검진에서 이상 징후를 발견하거나, 친한 지인 누군가 먼저 세상을 뜨고 나서야 건강의 중요성을 알게 됩니다. 10대~30대는 한참 팔팔하게 일할 때라 몸과 마음을 함부로 쓰는 경향이 있습니다. 하지만 절대 그래서는 안 됩니다. **일상에서 꾸준히 건강관리를 해야 하고 스트레스 관리를 꾸준히 해야 합니다.** 다시 강조하지만 건강이 인생에서 제일 중요한 요소이기 때문입니다.

사실, 코로나 같은 전염병을 제외하고는 대부분의 질환이나 질병은 우리 일상이 원인입니다. 스마트폰으로 인한 거북목, 잘못된 자세로 인한 척추 뒤틀림, 잘못된 걷기 자세로 인한 골반 뒤틀림, 오랜 PC 사용으로 인한 시력 악화, 오랜 시간 앉아만 있어 발생하는 항문 치질, 귀찮아서 미루다 생기는 치과 질환 등 대부분이 우리 일상의 습관 때문입니다. 또 잘못된 식습관으로 우리 인생이 바뀔 수도 있습니다. 지나친 고기 위주의 식사, 불규칙적인 식사 패턴, 인스턴트 위주의 식단, 너무 짜거나 단 음식 선호, 빠르게 먹는 습관, 야식 사랑, 탄산 중독, 흡연, 과음은 질병을 일으키는 매우 나쁜 습관입니다.

여러분, 잘못된 식습관으로 평생 인슐린을 투약하는 당뇨에 걸리면 얼마나 고통스러운지 아나요? 밤늦게까지 핸드폰 보느라 눈이 나빠져 노인이 되었을 때 앞이 잘 안 보이면 얼마나 불편할지 상상이 가나요? 사람과 소통하지 않아서 생기는 우울증, 짜고 매운 음식을 자주 먹어서 생기는 고혈압과 위암, 허리 아파서 누워 있기도 힘든 상황을 생각해 보세요. 평소엔 모르지만 병에 걸리고 나면 우리는 후회하게 됩니다. 그러니 책을 읽는 지금이라도 척추를 위해서 바른 자세로 고쳐 앉아 보세요.

실생활에서 습관화해야 하는 건강 관리법

그럼 우리가 할 일은 뭘까요? 평상시에 아주 조금씩만 신경을 쓰면 됩니다. 하루 2분만 양치를 잘하면 500만 원의 치과 비용을 아낄 수 있고, 유튜브 본다고 어두운 밤에 스마트폰을 보는 시간을 조금만 줄이면 시력 악화를 막을 수 있습니다. 맛있는 유기농 야채와 채소 요리로 균형잡힌 식사를 해도 좋고, 끼니를 거르기보다 미숫가루라도 마시는 식으로 규칙적인 식사 패턴을 만들어야 합니다. 아주 작은 행동을 '습관화'하면 되는 것입니다.

실생활에서 꼭 아래의 습관을 기르도록 하기 바랍니다.

- 하루 딱 5분만 밖에서 햇빛 쬐며 눈 감고 앉아 있기 ▸ 불면증 해소
- 고개 빳빳이 들고 어깨 펴고 걷기 ▸ 자세 교정

- 벽에 등과 뒤통수 붙이고 5분만 서 있기 ▸ 거북목 완화

- 피지컬갤러리 영상 보며 스트레칭 5분만 하기 ▸ 유연성 증대

- 잘 때는 핸드폰 보지 않기 ▸ 시력 악화 방지

- 야채/채소를 가까이하는 식습관 ▸ 칼로리 감소 및 동맥경화 방지

- 양배추즙 마시기 ▸ 소화 불량 개선

- 흑마늘즙 마시기 ▸ 피로 회복

- 양파즙 마시기 ▸ 원활한 혈액 순환

아무리 4차산업이 발달해도 여러분이 70대가 되었을 때 지구상의 질병은 100% 정복되지 못할 것입니다. 꼭 기억하기 바랍니다.

먹기 위해서 사는 것이 아니라 살기 위해서 먹는 것이고, 병에 걸리면 정말 죽고 싶을 정도로 아프니 미리미리 관리해야 합니다. 이 말을 꼭 명심하기 바랍니다.

앤디 쌤의 KEY POINT

- '행복'의 가장 기본 요소는 건강이다.
- 건강관리는 일상에서 꾸준히 해야 한다.

MISSION 🎯

유튜브 채널 [피지컬 갤러리]에서 〈성적 오르는 스트레칭〉 검색해서 보기

남을 돕는 삶을
살아 보기를

저는 잘될 만한 누군가가 보이면 그 사람을 도우려 애씁니다. 유튜버 A도 그렇게 도움을 주었고, 작가 B, C도 그렇게 도움을 주었습니다. 사업가 D, E, F도, 정치인 G, H, I도 그러했습니다. 그 사람을 돕는 과정이 나의 성장을 돕고, 그 사람의 성공이 내게 직접적인 도움으로 연결될 때가 많기 때문입니다. 결론부터 말하면 남을 돕는 것은 잃을 것이 없는 최고의 투자입니다. 도우세요. 무조건 도우세요. 내 시간과 열정과 에너지를 다 바치고, 내가 당신을 열심히 돕고 있다고 인식시키며 도우세요. 그럼 여러분에게 복이 쏟아질 것입니다.

저처럼 누군가를 잘되게 돕는 것 말고도 남을 돕는 기부나 봉사도 마찬가지로 좋습니다. 크든 작든 그냥 봉사하면 됩니다. 남 눈치 보지 말고 그냥 마음 내키는 대로 하면 됩니다. 누군가는 '저거 저거 이미지 메이킹이다, 세금 절세다, 진심이 아니다, 자기 좋으라고 하는 것이다' 등 남 깎아내리려고 하는데 신경 안 써도 됩니다. 그런 사람들치고 100만 원 이상 기부한 사람을 본 적이 없습니다. 돕는 것은 그냥 하는 것입니다. 길에서 리어카를 끄는 할머니 돕기, 다리 다친 친구 가방 들어 주며 대화하기, 강원도 산불 현장에 가서 자원봉사 하기, 후원이 필요한 아동을 결연하여 지원하기, 안 쓰는 책/물품 기부하기. 그룹홈 지원하기 등 그냥 해 보기 바랍니다. 그럼 누군가를 도왔다는 생각에 뭔가 뿌듯한 마음이 생길 것입니다. 또, 스스로 착한 사람이 된 것 같고, 자기만족감이 높아질 것입니다.

남을 돕는 삶이 왜 좋을까요? 5가지 이유를 설명드리겠습니다.

첫째, 그들이 잘되어서
나를 도와줄 수 있습니다

여기서 돕는 것은 이미 잘되어 있는 사람을 더 잘되게 돕고, 잘될 것 같은 사람을 도와서 잘되게 하게 하는 것입니다. 기회는 잘된 사람이 잘 안 된 사람에게 주는 법인데 내가 아직 잘될 그릇이 아니라면 누군가를 잘되게 도와 나를 끌어 주게 만들면 됩니다. 그렇게 인맥을 소개받고, 기회를 부여받고, 노하우를 전수받기도 합니다. 저 역시 누군가를 도와서 부자
가 되게 만들어 준 경험이 있습니
다. 그 덕분에 저는 극구 사양했는데
도 1천만 원을 받은 경험이 있습니다.
또, 누군가의 사업이 잘되게 컨설팅
을 해 주어 다른 유명한 사람을 소
개받은 경우도 많았습니다. 또, 누
군가를 돕는 과정을 제 사업에 성공
사례로 활용하기도 했습니다. 돕는 것이 일종의 '사람 투자'인 것입
니다.

둘째, 남을 돕는 과정 자체가
나의 성장과정이 됩니다

저는 책을 내다 보니 출판마케팅에 대한 자신감이 올라 있습니
다. 그런 마케팅 실력을 바탕으로 잘될 만한 작가들을 더 잘되도록
돕다 보니 저의 부족했던 마케팅 실력도 성장하고, 실패하는 요소
도 발견하게 되었습니다. 가령, 네이버에 노출되는 글쓰기도 다양
한 패턴으로 써 보며 어떤 것이 노출되는지 공통점을 발견할 수도
있고, 제목을 어떻게 짓는 것이 클릭률이 높은지도 체크하게 됩니

다. 특히, 내 책이라면 부담스러워 하지 못할 온라인 마케팅도 연습 삼아 상대방의 예산으로 마음껏 할 수 있습니다. 그렇게 남을 돕다 보면 성공률도 높아져 자신감 향상에도 큰 도움이 됩니다.

셋째, 그 사람의 인맥이 내 인맥이 됩니다

누군가를 도우면 그 사람은 누군가에게 내 이야기를 하게 됩니다. 이 사람은 진짜 좋은 사람이고, 앞으로도 도움을 받고 싶기 때문에 자기 찐사람들을 소개해 주는 것입니다. SNS를 통해 나를 알려 주기도 하고, 오프라인에서 누구를 소개해 주기도 합니다. 저 역시 그러한 방식으로 정치인, 경제인, 인플루언서 등을 소개받고 친분을 쌓고 있습니다. 그렇게 한 번, 두 번 만나면 친해지고 중간에 소개자가 없어도 다이렉트로 소통할 수 있는 사이가 됩니다. 그렇게 황금 인맥이 공유되는 것입니다.

넷째, 사회의 변화에 일조하고, 사회에 지속적인 관심을 갖게 됩니다

아동학대 근절, 성폭력 피해자 돕기, 위안부 할머니 캠페인, 반려

동물 기관 돕기 등을 통해 우리는 내면의 성장도 하지만 사회를 아름답게 만드는 데 일조할 수 있습니다. 세상을 아름답게 만드는 것은 우리의 의무입니다. 저는 여러분이 봉사, 기부, 착한 사람들을 도움으로써 세상을 아름답게 변화시키길 원합니다. 남을 돕고, 세상을 아름답게 바꾸는 것은 삶에서 매우 가치 있는 일이기 때문입니다.

다섯째, 만족감과 뿌듯함이라는 행복감이 충만해집니다

사실 본질적으로 기부, 봉사, 남을 돕는 것은 상대를 위해서 하는

것이지만 절반 정도는 자기만족감 때문에 하는 것입니다. 쉽게 말해 나 좋으라고 하는 일이라는 것입니다. 내가 저 사람을 도왔다는 뿌듯함, 사람을 도와서 복 받을 것 같은 안도감, 그리고 하루를 의미 있게 보냈다는 감사함 등의 감정 말이지요. 그래서 저는 육체적 건강을 넘어 정신적으로 건강해지기 위해 타인을 돕는 삶을 꼭 살라고 합니다. 남을 돕고 나면 위의 감정 때문에 영혼이 건강한 사람으로 변하기 때문입니다.

여러분, 다시 힘주어 강조합니다. 남을 도움으로써 여러분이 잘 되기 바랍니다. 남을 순수한 마음으로 돕든, 나의 이득을 위해 돕든 그냥 돕기 바랍니다. 그럼 잃을 것은 없고 얻을 것은 무한한 선물을 받게 될 것입니다. 돈도 안 들고, 어렵지도 않은데 안 할 이유가 전혀 없습니다. 그리고 제 경험상, 누군가를 돕는 사람이라는 것이 알려지면 여러분은 돈으로 살 수 없는 긍정적 이미지를 얻을 수 있습니다. "쟤 기부 엄청 많이 하는 애야." "진짜? 와~ 다시 봤네." 이런 긍정적 이미지를 얻으면 좋지 않을까요? 누군가를 돕는 것이 최고의 투자임을 명심하고 꼭 해 보기 바랍니다. 여러분도 모르게 나중에 좋은 사람, 훌륭한 사람이 되어 있을 것입니다. 돕는 사람도, 도움받는 사람도 서로 원-윈(win-win)인 돕기 게임을 꼭 하기 바랍니다!

- 남을 돕는 것은 잃을 것이 없는 최고의 투자다.
- 남을 도우면 나의 내면도 성장하고 사회를 아름답게 만드는 데 일조할 수 있다.
- 누군가를 돕는 사람이라는 것이 알려지면 돈으로 살 수 없는 긍정적 이미지를 얻을 수 있다.

MISSION

우리 가게, 내 친구나 친척의 가게를 도와줄

어른스러운 아이디어 **생각해 보기**

땀 흘리는 운동을
규칙적으로 해야 합니다

"지영아 축하한다! 너무 좋겠다!"

올해 기쁜 일이 있었습니다. 우울증 치료를 받던 사촌동생이 더 이상 약을 복용하지 않아도 되고, 상담 치료도 받지 않아도 된다는 결과가 나왔습니다. 너무 기뻤습니다.

마음의 상처와 답답함이 가득했음에도 긍정적이고 열심인 친구였기에 기쁜 소식이 들려와 참 좋았습니다.

"지영아, 너처럼 우울증이 있던 사람에게 추천할 만한 가장 좋은 행동이 뭐가 있을까?"

"오빠, 운동하라고 하세요! 특히 러닝하면 제일 좋아요."

운동을 하면 삶이 달라진다

지영이뿐 아니라 얼굴에 광이 나고 에너지가 넘치는 사람들, 누가 봐도 건강해 보이는 사람들 모두 저에게 운동을 추천합니다. 운동을 하면 삶이 달라지고 기분이 좋아진다는 것이었습니다. 동네 공원, 운동장, 헬스장에서 땀에 젖을 정도로 뛰라는 것입니다. 그러고 보니 이상하게도 운동을 하고 나면 뭔가 개운해지고, 피곤함이 줄어드는 느낌을 받을 때가 많습니다. 뛰고 나면 머릿속이 정리되고, 뭔지 모를 의욕이 생겨나고 다 좋아집니다. 왠지 모를 성취감과 노폐물 배출로 집중력이 향상되기도 합니다. 또, 공부할 때 결국 체력이 뒷받침되어야 하는데 심장도 적절히 자극되다 보니 체력이 팍팍 올라옵니다. 맞습니다. 이 사람들의 말대로 뛰어야 합니다. 등이 땀에 젖을 정도로 신나게 뛰어야 합니다.

그럼 어떻게 될까요?

❶ 일상의 피로감이 사라집니다. 피가 돌고, 좋은 호르몬이 '뿜뿜' 뿜비됩니다.

❷ 체력이 '확' 좋아집니다. 처음에 1km 뛰고 헉헉댔는데 점차 300m, 500m 늘어나게 됩니다. 그렇게 안 쉬고 2km, 3km, 5km를 뛸 체력이 형성됩니다.

❸ 살이 빠지고 몸이 가벼워지니 삶의 태도가 긍정적이고, 자신감이 넘치게 됩니다. 특히, 사람의 보디라인이 예뻐지니 외모 자신감이 향상되고, 적극적인 사람으로 변화합니다.

❹ 맛있는 것을 맘껏 먹을 수 있게 됩니다. 먹으면 그대로 살이 되는 사람과, 먹은 것을 뛰면서 소화시키는 사람 중 누가 더 행복할까요? 맛있는 음식을 땀 흘리면서 꼭 붙잡아야 합니다. 맛있는 음식은 정말 큰 행복입니다.

❺ "얼굴빛이 달라졌어요. 혈색이 엄청 좋아졌는데요?" 하는 소리를 듣게 됩니다. 뛰면 그 사람의 분위기가 바뀌고 얼굴색이 바뀌며 인상과 아우라가 변하게 됩니다.

❻ 러닝을 기본으로 필라테스/요가, 헬스 피트니스를 통해 몸짱이 되면 사람의 인생이 바뀝니다. 이성이 더 호감을 갖게 되고, 서로 소개팅을 해 주려고 합니다.

러닝뿐 아니라 헬스, 요가, 턱걸이, 방송 댄스 뭐든 좋습니다. 무엇이든 몸을 신나게 움직여 땀에 흠뻑 젖게 꾸준히 운동하기 바랍니다. 그럼 정말로 인생이 바뀝니다. SBS 〈런닝맨〉의 김종국 씨가 운동할 때 괜히 '어우, 좋아~ 좋아. 미칠 거 같아~' 하는 게 아닙니다. 또 가수 아이유가 괜히 '우울한 기분에 진짜 속지 않으려고 노력해요. 이 기분 절대 영원하지 않고 5분 안에 내가 비울 수 있다는 생각으로 몸을 움직여요' 하는 게 아닙니다. 기분이 안 좋은 사람, 뭔가 잘 안 풀리는 사람, 잘되고 있는데 더 잘되고 싶은 사람 모두 운동을 하면서 '프레시-업(fresh-up)'하기 바랍니다. 그렇게 체력이 좋아지고 몸의 라인이 바뀌면 사람들이 여러분을 바라보는 시선도 달라져 '인생'이 바뀐다는 것을 꼭 믿어 주기 바랍니다. 그렇게 여러분의 선배들이 이성으로부터 완전 다른 매력을 얻게 되어 연애, 결혼에 성공하게 되었습니다.

자, 이제 이 책 그만 읽고 뛰도록 합시다. 꼭 오늘 무조건 '땀범벅'으로 뛰기 바랍니다. 진심입니다. 꼭 뛰세요! 혼자 뛰어도 되고, 친구와 뛰어도 되고, 엄마 아빠와 뛰어도 됩니다. 그냥 나가서 뛰고 오세요. 책 안 읽어도 됩니다! 단, 꼭 땀 흘리기 바랍니다!

앤디 쌤의 KEY POINT
- 무엇을 하든 몸을 신나게 움직여 땀에 흠뻑 젖도록 꾸준히 운동하자.
- 운동을 하면 기분이 좋아지고 삶이 달라진다.

MISSION 🎯
유튜브에서 리복 광고 '가능성은 한계를 넘는다' 찾아보기

졸업하기 전에 꼭 해 봐야 할 24가지

1 ✓ 어떤 장르든지 책 50권을 읽어 보세요. 특히 관심 분야는 10권을 읽으세요.

▸ 성공한 선배, 부자 선배, 능력이 많은 선배들은 대부분 '독서광'입니다.

2 ✓ 젊은 시절에 운전면허 꼭 따고, 차를 가질 수 있다면 꼭 일찍 가지세요.

▸ 이성관계가 달라지고, 세상 경험을 할 기회가 달라집니다.

3 ✓ 나의 전공과 연결된 다른 전공을 공부해 보세요.

▸ 이왕이면 코딩, 온라인 마케팅 붙여 보기.

4 ✓ 내 체력의 한계에 도전해 보기: 지리산 종주, 마라톤 10km 도전 등.

▸ 잊지 못할 추억이 되고 좋은 습관의 시작이 될 거예요.

5 ✓ 멘토와 롤모델 찾고 만나 보기.

▸ 누가 이끌어 준다면, 누가 잡아 준다면 훨씬 더 빨리 성장할 수 있습니다.

6 ✓ 다양한 분야/학과의 친구, 사람을 많이 만나 보기.

  ▸ 다른 전공, 탈북민, 장애인, 종교인, 농부 등 만나 보세요. 세상을 바라
    보는 시각이 달라집니다.

7 ✓ 같은 분야의 앞서가는 고수 친구/선후배를 사귀어 보세요.

  ▸ 1등과 친해져야 2등, 3등이라도 됩니다.

8 ✓ 외국의 현지 문화 꼭 경험해 보세요.

  ▸ 교환학생, 해외봉사, 워킹홀리데이, 해외우프 등을 추천합니다.

  ▸ 외국 맛집 가는 것보다 현지인과 어울리고 오세요. 글로벌 인재로의
    역량이 확장됩니다.

9 ✓ 밤 새워서 놀아 보세요.

  ▸ 나이 먹어서는 체력이 안 되고, 환경이 안 되어서 못합니다.

10 ✓ 혼자서 국내, 외국의 안전한 곳으로 여행을 가 보세요.

  ▸ 혼자 하는 여행이 생각도 정리되고, 성장에 즉효약입니다.

11 ✓ 친한 친구들과 고생이 넘치는 힘든 여행도 가 보세요.

  ▸ 평생에 잊지 못할 추억은 몇 개 안 됩니다. 젊을 때 즐겨 봐야 합니다.

12 ☑ 패러글라이딩, 스카이다이빙, 번지점프 등 스릴 넘치는 스포츠에 도전해 보세요.

> ▸ 해냈다는 자신감이 여러분의 인생을 바꿀 것입니다.
> ▸ 돈 아까워 말고 도전하세요. 비싸도 돈 값 합니다.

13 ☑ 버스 종점 여행, 내일로 KTX 여행 다녀 보세요.

> ▸ 선글라스 끼고 대중교통에서 사람들 표정 행동 무심하게 관찰해 보기.
> ▸ 사람이란 존재에 대하여 많이 생각하게 될 거예요.

14 ☑ 관심 분야의 잘된 사람 10명만 분석해 보세요.

> ▸ '어떻게', '왜'에 근거하여 사람을 분석해 보세요.
> ▸ 그럼 잘된 공통점이 보이고, 여러분이 할 일이 바로 보이게 됩니다.

15 ☑ 내 힘으로 장학금, 상금 받아 보기: 공모전/대회 도전하기.

16 ☑ 부모와 함께 사진과 영상 많이 찍기.

> ▸ 돌아가시면 남는 것은 영상뿐입니다.

17 ☑ 멘토를 만들기: 나와 나이 차이가 얼마 안 나는 선배를 꼭 여럿 사귀기.

18 ✓ 나만의 운동 하며 상위 5% 되기: 헬스, 요가, 탁구 등.

19 ✓ 나만의 취미 하며 상위 5% 되기: 사물놀이, 기타, 피아노, 미술 등.

20 ✓ 기억에 남을 특이한 행동 해 보기: 비 오는 날 10분만 눈감고 온몸으로 비 맞아 보기.
   ▸ 자연의 신비함, 사람이란 존재에 대하여 알게 됩니다.

21 ✓ 세상에 의미 있는 일 해 보기: 독립유공자 후손 사진 찍어 사진 전시회 하기.
   ▸ 의미 있는 무형적 가치에 대하여 알게 됩니다.
   ▸ 여러분에게 또 다른 스펙이 될 수 있습니다.

22 ✓ 엄마와 단둘이 데이트/여행 가기: 은근히 쑥스러움, 은근히 좋아하심.

23 ✓ 아빠와 단둘이 데이트/여행 가기: 은근히 쑥스러움, 은근히 좋아하심.

24 ✓ 땀 흘려서 돈 벌기: 택배, 농사, 건설현장, 청소 알바 등.
   ▸ 감사함을 배우게 됩니다.
   ▸ 노동의 가치, 우리 주위 근로자들의 소중함을 알게 됩니다.

중요한 것은 정답이 아닌 질문입니다.

고민하고, 질문해 보세요.

남보다 하나 더 가지고, 남보다 깊어진 당신이 될 것입니다.

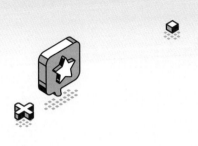

강조하고 싶은 것은 당신이 얼마나 바쁜가가 아닌,

당신이 무엇에 바쁘냐입니다.

내가 무엇을 원하는지 정확히 알기 바랍니다.

참고문헌

- 《이토록 공부가 재미있어지는 순간》, 박성혁 지음, 다산북스, 2020년
- 《10대를 위한 완벽한 진로 공부법》, 앤디 림·윤규훈 지음, 체인지업, 2020년
- 《부자 아이로 키우는 엄마들의 비밀 수업》, 앤디 림·윤규훈 지음, 슬로디미디어, 2019년
- 《스무 살에 알았더라면 좋았을 것들》, 티나 실리그 지음, 이수경 옮김, 웅진지식하우스, 2020년
- 《시작하기 전에 알았더라면 좋았을 것들》, 티나 실리그 지음, 김효원 옮김, 마일스톤, 2016년
- 《나는 나로 살기로 했다》, 김수현 지음, 마음의숲, 2020년
- 《참 쓸모 있는 말투》, 고경미 지음, 레몬북스, 2019년
- 《말투 디자인》, 박혜수 지음, 태인문화사, 2018년
- 《모든 관계는 말투에서 시작된다》, 김범준 지음, 최광열 그림, 위즈덤하우스, 2018년

- 《성공하는 한국인의 7가지 습관》, 조신영 지음, 한스미디어, 2012년
- 《시간의 마스터》, 한홍 지음, 비전과리더십, 2015년
- 《어떻게 말해줘야 할까》, 오은영 지음, 차상미 그림, 김영사, 2020년
- 《화해》, 오은영 지음, 코리아닷컴, 2019년
- 《테크노믹스 시대의 부의 지도》, 박상현·고태봉 지음, 메이트북스, 2021년
- 《스타트업 성공방정식》, 양민호 지음, 미디어숲, 2020년
- 《부의 속도》, 돈파파 지음, 시크릿하우스, 2020년
- 《나는 퇴사하고도 월 100만 원 더 모은다》, 민선(에코마마) 지음, 길벗, 2020년
- 《드림 레시피》, 김수영 지음, 웅진지식하우스, 2013년
- 《다르게 생각하는 연습》, 박종하 지음, 새로운제안, 2016년

10대를 위한 인생 성장 에세이

졸업하기 전에 알았더라면
좋았을 것들

1판 1쇄 발행 · 2021년 4월 1일
1판 3쇄 발행 · 2021년 11월 22일

지은이 · 앤디 림·윤규훈
발행인 · 김형준

편집 · 최예원
디자인 · 장상호
발행처 · 체인지업북스
출판등록 · 2021년 1월 5일 제2021-000003호
주소 · 서울특별시 은평구 수색로 217-1, 410호
전화 · 02-6956-8977
팩스 · 02-6499-8977
이메일 · change-up20@naver.com
홈페이지 · www.changeuplibro.com

ISBN · 979-11-91378-02-3 43190

체인지업북스는 내 삶을 변화시키는 책을 펴냅니다.